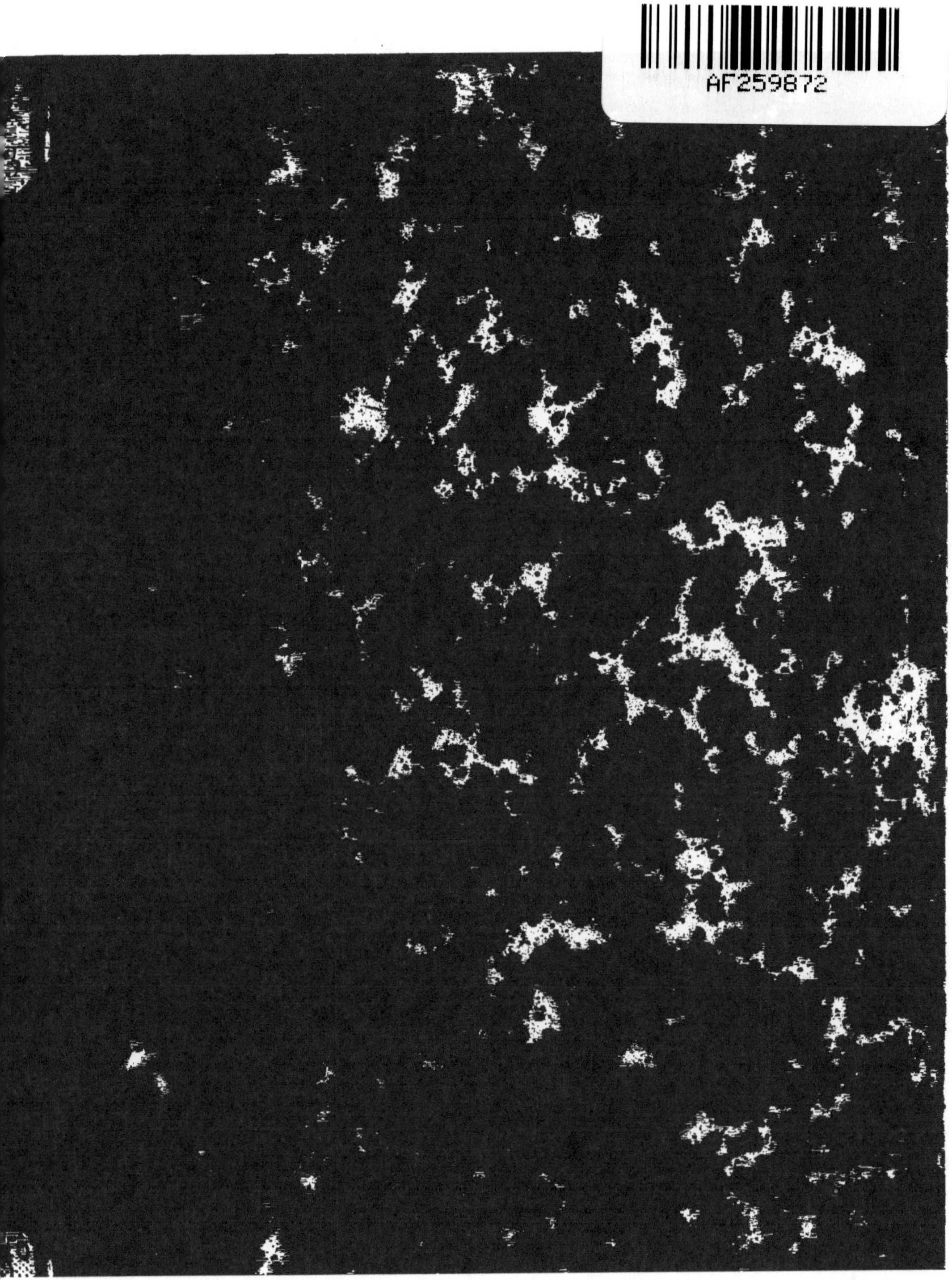

RAPPORT

FAIT AU CONSEIL
DU DÉPARTEMENT
DE PARIS,

A l'ouverture de la Session du 15 Novembre 1791 ;

Par M. GARNIER,

Membre du Directoire, Suppléant le Procureur-
Général-Syndic.

*Contenant l'exposé des travaux du Directoire,
et le compte de sa gestion.*

A PARIS,

De l'Imprimerie de DU PONT, hôtel de
Bretonvilliers, isle Saint Louis.

1791.

RAPPORT

FAIT

AU CONSEIL DU DÉPARTEMENT

DE PARIS,

A l'ouverture de la Session du 15 *Novembre* 1791 ;

Par M. GARNIER,

Membre du Directoire , Suppléant le Procureur-
Général - Syndic.

*Contenant l'exposé des travaux du Directoire , et le
compte de sa gestion.*

MESSIEURS,

Dès l'ouverture de votre session , et avant de prendre
séance au Conseil, le Directoire doit vous rendre compte de
sa gestion. Chargé d'acquitter ce devoir , je vous exposerai
la suite et le résultat de ses travaux dans chacune des parties d'administration qui lui sont confiées.

Elles peuvent se classer en trois divisions principales.

I. La répartition , la perception et le versement des contributions.

A

II. La surveillance des établissemens, institutions et travaux qu'exigent la sûreté, l'utilité et la bienfaisance publiques.

III. Le régime intérieur et la comptabilité particulière de l'administration.

PREMIERE PARTIE.

Contributions et Biens nationaux.

1°. CONTRIBUTIONS.

La répartition des contributions et la surveillance des deniers publics, sont les fonctions spécialement attribuées par la Constitution aux corps administratifs, et le but essentiel de leur institution.

Deux objets différens ont appellé la vigilance du Directoire.

1°. Le recouvrement de l'arriéré des anciennes impositions pour tous les exercices antérieurs à l'année 1791.

2°. L'assiète et la perception des nouvelles contributions établies, à compter du premier janvier 1791, sous le nom de *contribution foncière* et *contribution mobiliaire*.

§ I. *Recouvrement de l'arriéré des impositions.*

Les troubles de la révolution, la chûte de tous les corps de justice et de finance, l'inquiétude générale et la disette d'un numéraire propre à faciliter les échanges, avoient causé un arriéré considérable dans le recouvrement des exercices antérieurs à l'année 1791. La ville de Paris, à cause de la nature de ses richesses et du genre de revenu de la plupart de ses habitans, a dû, plus qu'aucune autre lieu, se ressentir de l'influence des événemens.

Le Directoire n'a négligé aucun moyen de presser la rentrée de ces recouvremens. Son activité est justifiée par une correspondance suivie, avec les districts de Saint-Denis et du Bourg-la-Reine, et avec la municipalité de Paris.

Le tableau qu'il a fait dresser de la situation du recouvrement sur tous les exercices qui sont ouverts, vous montrera quel a été le succès de ses soins.

Vous verrez que, pour les deux districts ruraux, les exercices de 1788 et ceux antérieurs, peuvent être regardés comme soldés, puisque ce qui reste en recouvrement est dû par des débiteurs à-peu-près insolvables, et la remise doit en être imputée sur le fonds de 1,500,000 livres, destiné, par la loi du premier juin 1791, pour apurer la comptabilité des anciens exercices.

Pour la ville de Paris, l'arriéré des impositions remonte jusqu'à 1786, et forme encore un recouvrement considérable. Il vous sera facile de vous assurer que, si cette rentrée éprouve de longs retards, on ne peut l'imputer au zèle du Directoire, dont l'activité ne s'est jamais interrompue.

Les receveurs de la ville de Paris pourroient même trouver quelque excuse dans les difficultés qu'ils ont rencontrées pour l'exécution des contraintes, et dans la surcharge extraordinaire que leur a causée l'expédition des duplicata qu'ils ont été tenus de délivrer dans tout le courant de cette année.

Enfin le Directoire, par un arrêté du 17 du mois dernier, confirmé par la proclamation du Roi du 23, a pris des moyens d'attirer, encore de plus près vers lui, la surveillance des recouvremens, et de les presser d'une manière plus immédiate.

Au reste, en vous proposant d'établir à Paris un mode de perception propre à la rendre plus sûre et plus active, le Directoire ramenera encore votre attention sur cet objet dans le cours de votre session.

La contribution patriotique, originairement votée pour l'année 1789, peut encore être mise au rang des recouvremens arriérés.

Un état vous fera connoître la situation du recouvrement; mais vous verrez combien cette ressource sera inférieure au produit qu'on avoit d'abord cru devoir en espérer, et vous en découvrirez facilement les causes. Une pareille contribution, graduée sur la bonne-foi et le patriotisme des contribuables, et fondée sur les bases les plus arbitraires, a nécessairement dû donner lieu à une foule immense de réclamations; et au milieu des variations réelles ou seulement probables qu'ont éprouvées presque tous les revenus du travail et de l'industrie, le Directoire, en apportant à ses décisions l'attention la plus scrupuleuse, n'a pu marcher qu'environné de conjectures et d'incertitudes.

Enfin le recouvrement des rôles des ci-devant privilégiés, pour les six derniers mois de 1789, sera la matière d'un autre tableau de situation qui sera également mis sous vos yeux.

§ II. *Assiète des nouvelles contributions.*

En surveillant le recouvrement des anciennes contribu

butions, le Directoire a dû s'occuper en même-temps de l'établissement des nouvelles.

A la dernière session, le Conseil a arrêté le reparte-ment entre la municipalité de Paris, et les deux districts, de leur contingent dans la portion contributive assignée au département de Paris par l'assemblée nationale. Le Conseil avoit pareillement arrêté l'état des dépenses, à la charge générale du département.

Dès le 23 juillet, les commissions avoient été adressées à chacun des districts et à la municipalité de Paris. La cor-respondance la plus active atteste les soins qui ont été pris par le Directoire, pour faire remplir, par les administrations qui leur sont subordonnées, les devoirs dont chacune d'elles est tenue pour l'achèvement de la répartition.

Mais, malgré tous ces soins, malgré le zèle qu'ont ma-nifesté tous ceux qui ont concouru à cette opération, une foule de difficultés inévitables ont retardé la confection des rôles.

Dans la ville de Paris, la multiplicité innombrable de cotes à établir, un travail entièrement nouveau dans son ensemble et dans chacun de ses détails, l'immensité de vé-rifications locales qu'il a fallu recueillir, et qu'on n'obtient qu'avec peine dans une grande ville, toutes ces causes ont apporté des retards nécessaires dans l'assiète de l'imposi-tion. Cependant presque tous les obstacles sont levés ; le rôle de la contribution foncière de Paris est rendu exécu-toire ; celui de la contribution mobiliaire s'établit actuelle-ment.

Dans les deux districts, la première opération à faire étoit la démarcation des territoires de chaque municipa-

lité ; mais la nouvelle circonscription de celle de Paris a
apporté beaucoup de changemens très-importans dans toutes
celles qui lui sont limitrophes : quelques municipalités n'exis-
toient pas dans l'ancienne subdivision ; le territoire de
quelques autres étoit réuni à des départemens voisins.

Cette première opération n'est pas encore la plus grande
difficulté que les districts aient à surmonter pour arriver
à l'expédition des mandemens aux municipalités de leur
ressort ; le travail de la répartition présente une suite d'opérations délicates , qui exigent la plus grande attention et
des connoissances particulières.

Pour en juger, Messieurs, rappellez-vous sur quels élémens l'assemblée nationale a opéré pour établir les nouvelles contributions.

On a commencé par prendre la masse des impositions
directes que supportoit chaque ancienne Généralité. On a
ensuite cherché pour quelle somme elle entroit dans la
masse totale des impôts indirects , tant de ceux qu'on a
jugé être payés par les habitans du lieu où ils étoient perçus ,
que de ceux qui, ne pouvant aucunement être attribués au
pays où s'en faisoit la perception , ont été estimés devoir
être répartis sur tous les habitans au marc la livre des impositions directes.

Ces deux bases ainsi connues, on a etabli la masse de
contributions directes de chaque nouvelle subdivision de
territoire, et on a partagé entre ces nouvelles subdivisions,
au marc la livre de leurs impositions directes , la masse
totale d'impôts indirects qui étoit payée par la Généralité ,
dont chacune de ces subdivisions faisoit partie.

Après avoir fixé de cette manière la somme des anciennes

impositions , tant directes qu'indirectes , supportées par chaque nouvelle subdivision de territoire, c'est par la comparaison du montant des anciennes impositions, avec la somme demandée pour les nouvelles , qu'on a déterminé, pour chaque nouvelle division , par autant de règles de proportion, la quotité pour laquelle elle devoit être employée dans la masse totale des nouvelles contributions. Enfin l'assemblée nationale ayant cru qu'elle pouvoit soumettre à l'impôt les richesses mobiliaires, les bénéfices des fonds accumulés, les profits du commerce et les salaires de l'industrie, il a fallu, dans ce système, opérer le départ entre les deux natures de contributions qu'elle a jugé à propos d'établir, et ce départ a été fait suivant les proportions données par le résultat des observations sur les deux genres de richesses qu'on a distingués en *foncières* et en *mobiliaires*.

Chaque administration de district doit répéter en détail toutes ces opérations pour chacune des communautés qui composent son ressort ; et il est aisé de voir combien un travail aussi compliqué doit offrir de difficultés à des hommes peu exercés aux calculs, et que leurs occupations habituelles rendent tout à fait étrangers à la théorie des impositions.

D'un autre côté, lorsque l'assemblée nationale a ainsi opéré sur de grandes masses, de légères inexactitudes, en plus ou en moins, se sont balancées respectivement et sont devenues insensibles dans les résultats ; mais en appliquant cette méthode aux dernières subdivisions de territoire, il est impossible que les localités n'exigent pas souvent des modifications qui donnent naissance à autant de difficultés nouvelles.

Au reste, la loi du 9 octobre a créé des inspecteurs, destinés à seconder les municipalités , dans la confection des rôles. Les inspecteurs pour le département de Paris, ne sont pas encore nommés, et , sans doute, l'on doit attendre du choix qui en sera fait, une grande facilité dans le travail de la répartition.

Tel est, Messieurs, l'état actuel de la répartition des impositions de 1791. Ce retard , qui est commun à tous les autres départemens du royaume , et qui est une suite inévitable du changement complet qu'a subi le système des contributions , seroit plus inquiétant pour la fortune publique , si la loi du 29 juin dernier n'en avoit diminué les inconvéniens par l'établissement des rôles d'à - compte, portés à la moitié des impositions de 1790. Ces rôles sont formés dans la ville de Paris, et les avertissements sont envoyés aux contribuables. La recette sur ces rôles montoit, au premier novembre ,

Pour la contribution foncière, à. . . . . . 152,353 l.
Et pour la contribution mobiliaire, à. . . 143,600
Dans les districts ruraux, la majorité des communautés a terminé ses rôles d'à-compte, et la recette, dans les deux districts , montoit au premier novembre,

Pour la contribution foncière , à. . 19,863 l. 12 s. 6 d.
La situation de la perception du droit de patentes, étoit à la même époque,
Pour la ville de Paris, à. . . . . 756,898 l. 6 s. 7 d.
Pour le district de S. Denis, à. . . 15,994
Pour celui du Bourg-la-Reine à. . 13,945 17 3

La suppression de la gabelle et de différens autres droits en
1790,

(9)

1790, a donné lieu à un autre impôt de remplacement, pour cette même année seulement.

Chacun de ces remplacemens doit se faire suivant un mode différent.

Celui de la gabelle se fait, dans les villes, à raison de 5 sols pour chacune des têtes qui composent leur population.

Dans les campagnes, il se fait, à raison de six deniers pour livre, des impositions de 1790.

Le remplacement des autres droits supprimés, sur les fers, cuirs, huiles, savons et amidons, se fait aussi dans les villes, à raison de la population active, mais sur un taux qui varie pour chaque espèce de droit, depuis 2 sols 11 deniers jusqu'à 1 sol 2 deniers.

Le montant de l'imposition résultant de ce remplacement est pour Paris, de la somme de. . 2,319,713 l. s. d.

Pour la ville de S. Denis, de. . . 15,828 12 9

Pour les campagnes des deux districts de Saint Denis et du Bourg-la-
Reine, de. 49,801 12 3

Les mandemens pour ce remplacement, sont depuis long-tems adressés aux villes de Paris et de Saint Denis; ceux pour les municipalités des campagnes, n'ont souffert d'autre retard que celui nécessaire pour l'établissement des calculs. Ils sont tous expédiés, et le directoire a pressé les districts de s'occuper de cette répartition.

§ III. *Contributions indirectes.*

Quant aux contributions indirectes qui se perçoivent dans

B

l'étendue du département, et qui consistent dans les droits de timbre et d'enregistrement confiés à une régie particulière, la loi n'attribue au Directoire qu'une simple surveillance, et sa fonction se borne à en protéger la perception. Les régisseurs font parvenir chaque mois des états de la recette. Il résulte de ceux fournis jusqu'à ce moment au Directoire, que les droits d'enregistrement pour la ville de Paris et les deux districts, ont monté, depuis l'établissement jusqu'au premier novembre, à 6,700,156 l.

Et ceux de timbre, aussi depuis leur établissement jusqu'au premier novembre, pour Paris et les deux districts, à 1,111,725 livres.

§ IV. *Répartement pour* 1792.

Après avoir ainsi parcouru toutes les contributions échues, je dois vous faire observer, Messieurs, que vous aurez à vous occuper incessamment du répartement pour 1792. Le Directoire saisira cette occasion, pour vous présenter ses vues sur les changemens qu'il croit nécessaires dans la forme de l'assiette et de la perception adoptée jusqu'à présent pour la ville de Paris. La difficulté qu'y éprouve l'établissement des rôles, et la lenteur des perceptions, tient certainement à cette cause.

Le premier de ces deux inconvéniens, provient de ce que les rôles s'établissent dans un seul bureau, ce qui forme un ordre de travail absolument disproportionné à la quantité innombrable d'articles dont ces rôles sont composés. L'assiète exacte de l'imposition, les tentatives de ceux qui cherchent à se soustraire à l'impôt et à tromper

la vigilance des asséeurs, le jugement des réclamations éle-
vées par les contribuables, exigent des connoissances dé-
taillées sur la personne et la fortune privée de chacun des
citoyens; et au milieu d'une immense population comme
celle de Paris, on ne peut espérer que des renseignemens
aussi multipliés, puissent être recueillis avec quelqu'exactitude dans un centre unique d'inspection. La nouvelle division politique de la ville de Paris, offre le moyen le plus
simple et le plus naturel d'obtenir les connoissances locales
qui sont indispensables pour asseoir la contribution avec
plus d'égalité, pour diminuer le nombre des réclamations,
et pour porter, sur ces réclamations, des décisions plus éclai-
rées, et ce moyen a été indiqué d'avance par la loi qui con-
tinue, pour cette année seulement, les receveurs de la ville
de Paris.

Les mêmes causes influent sur la perception; et ce qui
en accroît encore la lenteur, c'est l'usage particulier à la
ville de Paris, d'exiger du contribuable qu'il se déplace pour
aller porter lui-même sa contribution au bureau, tandis que
des collecteurs viennent la recueillir chez les citoyens, dans
presque toutes les autres communautés du royaume. Ainsi il
faut que chaque contribuable ait à lutter à la fois, et contre
son intérêt privé et contre sa paresse, pour que les contributions arrivent, sans contraintes, dans les mains du receveur.

Dans le cours de vos séances, le Directoire vous présentera, dans tous ses détails, le projet dont je n'ai pu que vous
annoncer les bases, et s'il obtient votre approbation, vous
jugerez convenable, sans doute, de solliciter du corps législatif, un décret qui en assure l'exécution.

2°. Biens nationaux.

§ I. *Immeubles.*

La vigilance du Directoire à assurer la rentrée des revenus publics a dû se porter également sur la ressource extraordinaire qu'offre la disposition des domaines nationaux. Dans ses limites étroites le département de Paris rassemble beaucoup plus de ces richesses qu'aucun autre département du royaume. La ville seule renferme un nombre considérable de vastes édifices, dont les uns dépendoient de corps et communautés supprimées, les autres étoient occupés par les anciennes compagnies de finance, ou servoient aux diverses exploitations et régies fiscales; d'autres enfin étoient destinés à des usages publics.

Les formalités qui doivent conduire à l'aliénation des biens nationaux sont confiées aux administrations de district; ces fonctions ont été déléguées par le département à la municipalité, dans la ville de Paris, où il n'existe point de District; mais la surveillance sur les ventes et sur le versement, qui est spécialement attribuée aux administrations de département, a été continuellement exercée par le Directoire.

Les estimations faites au premier août, dans la seule ville de Paris, montoient à 76,462,000 livres; et cet état ne comprend pas la totalité des lieux claustraux; il ne comprend pas les murs de Paris, les hôtels destinés à divers services publics; tels que celui des Fermes, l'hôtel de Longueville et autres; ces objets, en y comprenant les biens dont la vente est ajournée, les baux emphitéotiques, ceux à vie, et les droits incorporels, dont le rachat est autorisé par la loi, peuvent encore être estimés à quatre-vingt millions. On peut évaluer en outre à 10,500,000 livres environ, ce qui est à vendre dans l'étendue des deux districts.

Au reste, les régisseurs nationaux du droit d'enregistrement sont chargés, par la loi du 12 novembre, de dresser l'état général des domaines nationaux, à mesure qu'ils parviendront à en acquérir la connoissance.

Les détails particuliers vous feront voir que les ventes se font dans les districts dans la proportion de plus du double des estimations. A Paris les estimations sont à-peu-près les trois cinquièmes du montant de la vente.

Les ventes faites à l'époque du premier novembre dans l'étendue du département, montoient à 44,323,838 livres, représentant, dans la masse des estimations faites, une valeur de 26,346,602 livres.

Ainsi le bénéfice sur ces ventes avoit été de 17,977,236 liv.

En suivant la même proportion, ce qui reste à vendre dans l'étendue totale du département pourroit s'élever, par la vente, à un produit de 153,000,000 livres.

Dans cette évaluation sont compris les rachats des droits incorporels supprimés, dont il y a déja 619 articles terminés, produisant une somme de 902,857 liv.

§ II. *Mobilier.*

La vente du mobilier des églises et communautés supprimées avoit été long temps suspendue; elle a été commencée le 9 septembre; son produit jusqu'au 31 octobre, montoit à 70,428 livres. On ne peut pas avoir une connoissance certaine des produits de la vente de la prodigieuse quantité d'objets, dont les magasins sont remplis; mais on présume qu'elle excédera 450,000 liv.

Les matières d'or et d'argent sont, selon le vœu de la loi, portées aux hôtels des monnoies. Elles montent à 5,831 marcs, dont la valeur est difficile à établir au juste à cause du mélange de matières étrangères ; mais si , dans ces matières, il y en a qui diminuent la valeur , il y en a aussi qui l'augmentent, telles que l'or et les pierreries; ainsi, en prenant une évaluation moyenne, qui ne peut être au-dessous de soixante livres le marc , la valeur totale seroit de 349,860 livres.

Dans le mobilier appartenant à la nation , il faut comprendre les sels et les tabacs qui se trouvoient dans les magasins de la ferme générale lors de l'inventaire qui en a été fait.

Les tabacs formoient une masse de vingt-six mille quintaux, dont le produit, si on le suppose à 35 sous la livre, donneroit 4,530,000 livres,

Au premier novembre, il en avoit été vendu 1,164 quintaux, qui ont produit 203,700 livres.

Il s'est trouvé dans les magasins , suivant l'inventaire , 101,130 quintaux de sel, qui , évalués à 4 liv. 10 s. le quintal, font espérer un produit de 455,000 liv.

La vente n'en pourra être commencée qu'après la fixation de son prix , faite par le ministre , conformément à la loi du 27 mars dernier.

Un autre genre de richesses, qu'il est impossible d'apprécier, que le temps et le génie ne donnent qu'à de longs intervalles, que les nations se disputent entre elles avec avidité, et dont le commerce ne peut réparer la perte, exigeoit des soins plus attentifs et une grande variété de connoissances. Les cloîtres et les églises supprimées dans le département, renfermoient un nombre infini de monumens précieux pour les arts, et utiles aux sciences. Pour la conservation de ces objets, le Directoire a employé le secours de la commission de savans, établie aux Quatre-Nations, par les comités réunis de l'assemblée nationale.

Tout ce qui peut être considéré comme monument des arts, ou comme utile à l'histoire, soit des faits, soit des costumes et usages, a été rassemblé et mis en ordre dans divers dépôts provisoires, dont le plus riche est aux petits Augustins.

Les livres imprimés et manuscrits ont été recensés, et dans plusieurs bibliothèques on a trouvé des articles de prix.

Le total des livres imprimés, dont le recensement est fait jusqu'à ce moment, monte a 826,712 volumes.

Celui des manuscrits à 14,026 volumes.

§ III. *Revenus des biens nationaux.*

La régie des biens nationaux étoit précédemment confiée aux administrations de département et de district. Les loyers et les fruits de ces biens étoient perçus par les receveurs de district qui en faisoient le versement dans la caisse de l'extraordinaire.

La loi du 12 septembre 1791, a réuni cette régie à celle du droit d'enregistrement, et ce sont ces régisseurs qui sont chargés maintenant du recouvrement des revenus des domaines nationaux. En conséquence, les registres que la mu-

nicipalité de Paris et les deux districts avoient tenus
pour cette partie d'administration, ont été clos et arrêtés
le premier octobre dernier, et depuis cette époque,
les régisseurs sont en possession de la régie des biens nationaux. Il en est cependant resté la surveillance au département, dont l'approbation est nécessaire sur la forme de régie
de tous les biens non affermés, et pour autoriser toutes les
réparations dont les locataires ne sont pas tenus par leurs
baux.

- Le produit du rachat des droits féodaux est également
compris dans les perceptions confiées à la régie ; les pré-
posés dressent les liquidations qui sont ensuite soumises à
l'approbation du Directoire.

§ I V. *Charges des biens nationaux.*

Les domaines nationaux sont le gage de la libération des
dettes de l'état ; mais la nation, en les mettant à sa disposition, a pris l'engagement d'acquitter une dette particulière
au service de laquelle elle les a regardés comme étant spécialement affectés,

Cette dette désignée collectivement dans les comptes publics, sous le nom de *frais du culte*, se divise cependant en
trois parties absolument distinctes.

1°. La liquidation des dettes et charges particulières des
maisons et communautés ecclésiastiques supprimées.

2°. Les traitemens de réforme et pensions des bénéficiers,
chanoines et religieux.

3°. Le salaire des ministres du culte catholique.

Les loix qui déterminent le mode des liquidations et de

l'établissement

(17)

l'établissement du traitement, avoient fixé l'époque à laquelle cette opération devoit être terminée ; mais le grand nombre de liquidations qui se présentent a mis dans l'impossibilité absolue d'achever dans le délai prescrit.

La seule ville de Paris offre environ 150 corps ecclésiastiques, tant réguliers que séculiers, parmi lesquels on compte 54 maisons de religieuses, 39 de religieux, plusieurs communautés séculières et 12 chapitres. Les bénéficiers sont au nombre de 7 ou 800. Le district de Saint-Denis n'a ni chapitres, ni bénéficiers ; celui du Bourg-la Reine n'a que le seul chapitre de Vincennes, dont les membres sont domiciliés à Paris.

Le traitement de chaque individu ne peut s'établir que par le dépouillement des comptes de toute une communauté, et ces comptes ne s'établissent qu'après beaucoup de recherches et avec une grande attention. A ces liquidations de traitement personnel, il faut joindre celle de toutes les charges, soit annuelles, soit exigibles, dont chacune de ces communautés étoit redevable.

Ce travail immense doit être complettement fait par le Directoire. Les districts et la municipalité dressent les liquidations, chacun pour leurs territoires respectifs ; mais le Directoire est tenu de les vérifier, pour les confirmer en dernier ressort, s'il y a lieu, et expédier les ordonnances de liquidation.

Cette vérification faite dans les bureaux de la municipalité, et qu'il faut répéter tout de nouveau dans ceux du département, présente un double emploi de travail qui a l'inconvénient de fatiguer les parties interressées et d'augmenter beaucoup les dépenses de l'administration, sans

C

présenter des avantages qui puissent le compenser ; et peut-être adopterez-vous comme une bonne vue d'administration, (dans ce moment sur-tout, où la loi du 27 avril a rendu provisoires toutes les liquidations de rentes et créances, et les soumet définitivement au commissaire du roi pour la liquidation générale,) de ne conserver qu'un seul bureau de vérification pour ces liquidations, en appliquant, à cet égard , la loi qui n'admet point à Paris d'administration de district.

Peut-être même jugerez-vous convenable de simplifier et de faciliter encore davantage ce travail en instituant un bureau pour se livrer exclusivement à ces opérations, qui , étranger à tout autre acte d'administrtion , et dégagé ainsi de tout autre soin , marcheroit plus rapidement à ce but si désirable d'une liquidation totale. Par-là , on pourroit espérer d'arriver plus promptement à terminer entièrement une opération très-dispendieuse à Paris, et dont le résultat est extrêmement important pour éclairer le gouvernement sur la véritable étendue des charges qui grèvent les biens ecclésiastiques.

Le Directoire n'a pu exécuter ce plan , parce qu'au milieu du cours non-interrompu de ces liquidations , il eût été difficile d'intervertir la marche qu'elles avoient prise , sans courir le risque d'exciter beaucoup de réclamations. Le Conseil, dans sa précédente session , avoit arrêté quelques vues à ce sujet. Vous le jugerez sans doute digne de toute votre attention , et vous ne vous séparerez pas sans avoir déterminé les moyens propres à accélérer cet immense travail.

Dans l'impossibilité de faire marcher de front les liquidations définitives des traitemens de réforme et pensions, et celles des créances et rentes, le Directoire a pensé que la justice lui prescrivoit de s'occuper préférablement des moyens de satisfaire des créanciers déjà fatigués par de longs retards et qui n'avoient reçu aucun à-compte, tandis que l'attente étoit moins pénible pour les pensionnaires et bénéficiers, au moyen du traitement dont ils jouissoient en vertu de liquidations provisoires. Le défaut de renseignemens suffisans a aussi causé beaucoup de retard dans cette opération ; cependant il y a trois chapitres entièrement liquidés, ce sont ceux de Saint-Honoré, de Saint-Opportune et de S.-Marcel. Un tiers des bénéficiers particuliers a reçu sa liquidation définitive, tout le reste jouit d'un traitement provisoire.

Sur 241 bénéficiers les liquidations provisoires montent à . . . . 383,435 l.
Celles définitives, à 236,451
                                                        ─────────
                                                        619,886 l.

En ajoutant à cette somme le traitement annuel de 60 bénéficiers liquidés dans d'autres départemens, mais qni sont payés à Paris où ils sont venus demeurer, ce qui est un objet de . . . . 123,977 l.

Le total actuel des traitemens de réforme pour les bénéficiers est de . . . . 743,863 l.

Le nombre des religieux vivans en conventualité étoit d'abord à Paris seul de 943, mais ce nombre est trèsdiminué , et il décroît journellement. De 39 maisons qu'ils occupoient , il n'y en aura plus au premier janvier prochain , d'après un plan arrêté par le Directoire , que 9 d'occupées , dans lesquelles ils seront réunis au nombre total de 323 , cinquante-quatre devant être envoyés à Saint-Denis dans la maison des bénédictins. Les autres touchent presque tous leurs pensions à Paris , ou si quelques-uns en sont sortis , ce vide est plus que compensé par ceux des autres départemens qui sont venus y fixer leur domicile. Leurs pensions réunies montent , pour le département , à . . . . 721,300 l.

Un très-petit nombre de religieuses a quitté la vie commune. Les 54 maisons de celles qui ont fait des vœux existent encore indépendammeut de 48 établissemens séculiers , dont une partie est consacrée au soin des malades ou à l'enseignement des enfans.

Jusqu'à ce qu'on ait pu se livrer à un examen approfondi des revenus et charges de ces maisons , elles reçoivent des pensions provisoires , calculées d'après les déclarations qui ont été faites à la municipalité , et qui forment à présent une dépense annuelle pour toute l'étendue du département de . . . . 669,912 l.

Ainsi en résumant ces trois objets , il en résulte que dans l'état actuel , les traitemens de réforme et pensions des religieux et religieuses pour la ville de Paris et les deux districts forment une charge annuelle sur le trésor public de . . . . , ... 2,135,095 l.

Cette dépense tend plus à s'accroître qu'à diminuer , tant parce que les liquidations définitives excéderont les provisoires, que parce qu'un grand nombre de pensionnaires et de bénéficiers vient journellement se fixer à Paris.

Au reste , depuis que le Directoire est chargé d'acquitter cette charge annuelle , tout est parfaitement au courant. La totalité des mandats , soit pour le traitement de réforme et les pensions , soit pour le traitement des ministres du culte salarié pendant le trimestre d'octobre , se trouve actuellement expédiée , à l'exception de ceux pour lesquels on a négligé de se présenter.

Il doit d'ailleurs résulter de cette situation l'avantage de rendre incessamment disponibles , soit pour la vente , soit pour des usages publics , une quantité considérable d'édifices nationaux. Pour augmenter encore la masse de ces biens disponibles , le Directoire attend impatiemment qu'en exécution de la loi du 24 août , tous les séminaires actuellement subsistans soient remplacés par le seul séminaire qui doit exister dans chaque diocèse.

Le directoire a apporté la plus grande célérité aux liquidations des rentes et créances dues par les communautés ecclésiastiques ; mais dans l'imposibilité de satisfaire à la fois à une foule innombrable de demandes , il a observé au moins tout ce qu'exigeoit de lui la justice , en suivant invariablement , et sans aucune espèce de préférence , l'ordre de date et de numéro des enregistremens. Les détails immenses que présente cet objet empêchent d'en appercevoir le terme.

Il y avoit au 31 octobre 620 créanciers ou rentiers liquidés provisoirement, sauf la vérification du commissaire-général de la liquidation.

Ces liquidations ont mis à la charge de l'état, en rentes
perpétuelles. . . . . 72,500 l.

    En viagères. 90,600

En créances exigibles. 1,005,200

Dont la moitié à-peu-près a été payée. Les arrérages
des rentes perpétuelles et viagères sont au courant.

La troisième espèce de charge que la disposition des
biens nationaux a imposée à la nation, c'est le payement
des frais du culte catholique.

Ce n'est qu'à commencer du trimestre d'octobre que le
Directoire a pu obtenir quelque apperçu de la somme à
laquelle s'élevoit cette dépense annuelle dans son ressort.
Jusques-là, la municipalité de Paris avoit fait payer ce
service sur le produit de la vente des domaines nationaux;
cette interversion de fonds et cette confusion de caisses,
contraire à l'ordre déterminé par les lois et à toute espèce
de règle de comptabilité, a été réprimé par le Directoire,
aussi-tôt qu'il en a eu connoissance, et il a rétabli dans
cette partie l'ordre qu'elle exige.

Il a fait verser à la caisse de l'extraordinaire le produit
des biens nationaux dans toute son intégrité, et il a fait
tirer de la trésorerie nationale les fonds nécessaires aux
dépenses du culte catholique.

Les comptes particuliers de l'emploi des fonds remis au
Directoire, vous instruiront des détails de ce service; il
suffit de vous annoncer que le nombre des ministres du
culte catholique, employés dans les états de traitement pour
les trente-trois paroisses de Paris et une succursale, est de
420, et la dépense annuelle pour Paris, de . . 745,300 l.

Le district de Saint-Denis en compte 76,

(23)

dont le traitement monte à 88,785

Celui du Bourg-la-Reine 88 , pour lesquels la
dépense est de . . . . 98,650 1.

Ainsi cette dépense s'élève dans le département de Paris , à . . . . 932,735 1.

Mais on ne peut regarder cet apperçu comme l'état dé-
finitif du service du culte catholique , dans le département
de Paris. Le nombre des ministres nécessaires à ce culte ,
dans chaque paroisse de Paris, n'a pas encore été déterminé
par la municipalité. Quoique le Directoire ait souvent rappellé
son attention sur cet objet important , elle ne s'est point
cependant encore occupée de recueillir sur la population et
sur les diverses localités , les renseignemens qui doivent
mettre le Directoire à portée de fixer invariablement l'étendue
de cette dépense.

Les districts n'ont point encore travaillé à la nouvelle circonscription de leurs paroisses : plusieurs circonscriptions
partielles avoient été envoyées ; mais elles n'étoient pas re-
vêtues des formalités prescrites par la loi. Le Directoire les
a invités à s'occuper d'un plan général, et il leur a observé
qu'il seroit utile de soumettre ce plan à l'approbation des Conseils de district. Ces Conseils viennent de tenir leur session ,
et il y a lieu de présumer qu'ils s'en sont occupés. Je ne doute
pas que le Directoire ne reçoive ces plans aussi-tôt que l'expédition du procès-verbal de chaque Conseil pourra lui être
adressée ; ils vous seront soumis pendant le cours de votre
session , et alors vous pourrez déterminer le nombre de
ministres du culte catholique et les dépenses qu'exigera ce
service dans le departement.

Mais une partie de ce service qui appelle particulièrement

en ce moment votre attention , c'est le traitement des laïcs employés dans les paroisses.

L'assemblée nationale , en chargeant la nation des frais du culte catholique , a ajourné tout ce qui concerne les fabriques et les fondations. Un décret du 22 juillet 1790, porte, qu'au cas de nouvelle circonscription de paroisses , le revenu de la fabrique des paroisses supprimées passera à la paroisse conservée ; celui du 7 mai 1791 , confirme cette disposition , mais aucun de ces décrets ne peut avoir son application précise à Paris , où aucune paroisse (si on en excepte la Métropole ,) ne se trouve avoir été composée d'un nombre certain d'autres paroisses supprimées. Enfin , un autre décret laisse aux anciens administrateurs des fabriques , l'administration des biens qui en dépendent , et ce décret rend impossible, pour Paris , une sage distribution de ces revenus, à cause de l'inégale répartition des paroisses.

Ces observations ont été consignées dans un mémoire adressé à l'assemblée nationale , par le Directoire ; mais ce mémoire n'a obtenu aucune réponse. La municipalité a voulu aussi s'occuper de cet objet, et ses tentatives ont été infructueuses ; cependant, Messieurs , ce service est indispensable , les besoins augmentent, les réclamations deviennent chaque jour plus pressantes , et il est nécessaire que vous déterminiez incessamment les mesures convenables pour assurer l'acquit de cette dépense.

SECONDE

SECONDE PARTIE.

Etablissemens, Travaux, et Force publique.

1°. ÉTABLISSEMENS PUBLICS.

Après vous avoir rendu compte des mesures qui ont été prises par le Directoire, pour hâter le cours des différentes sources du revenu public, je dois vous exposer ce qu'il a fait pour assurer le meilleur emploi des fonds dans les diverses dépenses nationales soumises à son inspection.

§. I. *Hôpitaux.*

Parmi ces dépenses, celle dont vous devez être le plus impatiens sans doute de connoître les détails, c'est l'acquit de la dette sacrée que toute société contracte envers l'indigence et l'infortune; mais l'assemblée nationale n'ayant pas déterminé les bases générales du régime des hôpitaux, et ayant même ordonné, par la loi du 5 novembre, que ces maisons seroient encore régies comme par le passé, ce ne sont que des soins provisoires et partiels que le Directoire peut vous offrir.

Il y a dans le département quarante-huit maisons hospitalières, dont la plupart se régissent en vertu de la loi du 5 novembre, et sur lesquelles le Directoire ne peut guères exercer d'autre acte de surveillance, que d'arrêter leurs comptes de gestion aussi-tôt que l'année sera révolue

D.

(26)

Les deux principaux hôpitaux de Paris sont l'*Hôtel-Dieu* et l'*Hôpital-général.*

L'administration en a été prise par le Directoire, au mois d'avril dernier, au moyen des démissions données par les anciens administrateurs.

Le premier de ces établissemens, destiné aux pauvres malades, comprend trois maisons :

L'Hôtel-Dieu,

L'Hôpital Saint-Louis,

Et les incurables.

L'Hôpital-général, destiné aux indigens valides, renferme dans sa division dix maisons :

La Pitié,

Bicêtre,

La Salpêtrière,

Sainte-Pélagie,

L'Hospice des Capucins,

Le Saint-Esprit,

Trois maisons d'enfans trouvés, qui sont la *Crèche, Saint-Antoine* et l'*Hospice de Vaugirard.*

Enfin, la maison de Scipion.

Quelques-unes de ces maisons ont des revenus particuliers, exclusivement appliqués à leurs besoins, mais toutes dépendent de l'Hôpital-général et en reçoivent le pain et la viande qui se consomment chez elles.

Il y a dans les différentes maisons de l'Hôtel-Dieu, environ 3,000 individus, et dans celles de l'Hôpital général 1.] à 15,000, en y comprenant les employés.

Des abus de tous les genres, l'excessive multiplication des emplois et des dépenses, un désordre extrême dans toutes

les parties de la gestion , et sur-tout la comptabilité la
plus inextricable par la confusion de tous les objets , tel
a été le premier résultat de l'examen du Directoire, en
prenant connoissance de l'ancienne administration des
hôpitaux.

Des plans généraux de réforme à établir dans le régime de
ces maisons, seront soumis à votre examen dans le cours de
cette session. Ils sont le fruit des lumières et de l'expérience
des hommes distingués que le Directoire a appellés à concourir avec lui aux soins de cette administration. L'ensemble
de ces plans est indivisible , et ils ne peuvent être jugés sur un
extrait. Il me suffit de vous dire qu'ils offrent l'espérance
la mieux fondée de rétablir l'ordre et la clarté dans toutes
les parties de la gestion et sans aucune augmentation de dépense dans les maisons de l'Hôtel-Dieu , d'y améliorer le
sort des pauvres, en leur assurant des soins plus exacts , une
nourriture meilleure et mieux appropriée à leur état, de
faire disparoître ce spectacle affligeant de plusieurs malades
entassés dans un même lit , et d'ajouter 700 nouveaux
lits , qui porteront à 1900 le nombre de ceux où les pauvres
seront couchés seuls. On se propose même de profiter des
avantages de l'établissement, pour y instituer un cours de
médecine-pratique qui manque à la France, et pour former
une école de chirurgie propre à donner une foule d'élèves
habiles pour le service des campagnes, des flottes et de
l'armée.

Deux vastes bâtimens non occupés dans l'Hôpital Saint-
Louis, peuvent être destinés, l'un au traitement de la folie ,
l'autre à celui des maladies contagieuses , qui font de l'Hôtel-
Dieu un foyer d'épidémie.

La distribution des officiers de santé y sera tellement mé-
nagée, qu'en portant à cent le nombre des élèves en chirurgie, dont cinquante seront appointés, cette partie de
dépense présentera une économie annuelle de plus de 11,000
livres.

Les bases de réforme pour les maisons de l'Hôpital-Général, consistent à les diviser en autant de sections que le
comportent les différences d'âges ou d'infirmités, et de
graduer le traitement et les secours en proportion des facultés de travail.

Ainsi l'on changera en atteliers actifs ces asyles de la fai-
néantise ; le rapprochement de la misère et de l'inertie,
n'attristera plus la vue. Le pauvre, redevable à son travail
d'une partie de sa subsistance, recevra des secours qui ne
le dégraderont plus à ses yeux, et qui n'auront point le
caractère flétrissant d'aumône. Enfin, maître de disposer
d'un salaire acquis par sa peine, il ne tourmentera plus
l'administration de ces défiances et de ces murmures conti-
nuels, qui sont la charge la plus pénible des soins donnés à
l'indigence.

A ce but moral se joignent des vues certaines d'économie ;
car une quantité considérable de menues consommations
peuvent être fournies à très-peu de frais par le travail de
l'intérieur.

La section la plus pressante à établir, est celle des folles,
la classe la plus malheureuse et la plus négligée.

Les informations qu'on a prises sur le sort de cette portion si déplorable de l'humanité, ont procuré des lumières
trop cruelles pour que je me permette de révolter votre

sensibilité par des détails que tous les efforts de votre ima-
gination ne pourroient vous faire soupçonner.

Il n'existe en France de traitement pour la folie curable,
qu'à l'Hôtel-Dieu ; mais ce traitement momentané ne peut
convenir qu'à la folie aigüe. Ceux qui sont attaqués de fo-
lies plus opiniâtres, sont renvoyés après un tems assez
court à Bicêtre, ou à la Salpêtrière.

La section des septuagénaires hors d'état de travailler,
est, immédiatement après, celle qui a le plus de droits à
votre attention.

En attendant qu'on puisse réaliser ces projets dont vous
regarderez comme un de vos premiers devoirs de presser
l'exécution, le Directoire n'a négligé aucune des améliorations partielles qui étoient en son pouvoir.

Quatorze prêtres et quatre enfans de chœur attachés à
l'Hôtel-Dieu, coûtoient plus de 36,000 l. par an. Les derniers ont été supprimés ; les chapelains, réduits à dix, au
traitement de 1200 liv., et deux employés au même traitement de 1200 liv., ont été chargés de la tenue des
livres du bureau de réception, ce qui a produit sur cette
dépense une économie de 21,800 liv.

Les lessives de l'Hôtel-Dieu étoient un des objets les plus
mal ordonnés. Les bois et poëles pour les étuves ou séchoirs
d'hyver, coûtoient plus de 30,000 liv., et les draps perdus
montoient à plus de douze cents par an. Cette dépense va
être réduite de plus de 24,000 liv., au moyen d'un vaste
séchoir de six étages, qui sera mis en état avec moins de
6,000 liv. de dépense. On y gagnera encore de rendre aux
convalescens l'usage des cours et terrasses pour se promener,
et d'éloigner des salles et des fenêtres ces linges pleins d'hu-

midité, l'une des principales causes de l'insalubrité de l'air, dans cette maison.

Une vigilance sévère préviendra les pertes du linge.

Enfin, le Directoire a cru devoir autoriser à l'Hôtel-Dieu l'établissement d'une salle de dissection, propre à favoriser les recherches anatomiques, et confiée à l'inspection de M. Vicq-d'Azir.

La maison des Incurables étoit gouvernée par quarante-trois sœurs de charité, qui se sont retirées au mois de juin dernier presque subitement. Leur remplacement n'a occasionné aucun inconvénient, et a procuré même une diminution de dépense de 12,000 liv. par an.

Les tables des employés ont été supprimées, et avec elles le scandale de leur abondance. Il y a été pourvu par un traitement en argent, et le bénéfice qui résulte de cet arrangement, est presque incroyable. Une expérience de quelques mois est nécessaire pour l'apprécier au juste. Le loyer du bâtiment des sœurs, et quelques autres ressources, présentent une augmentation de revenus d'environ 15,000 liv. par an.

L'ordre le plus exact règne dans cette maison ; elle est le premier exemple d'une maison de ce genre, régie sans sœurs de charité, sans employés nourris, et où tout le monde suit un régime uniforme. Chaque employé y a sa mission distincte ; le mobilier est inventorié, la comptabilité journalière y suit une marche simple et facile, mais la paix y a été troublée : la plus cruelle des infirmités morales, l'intolérance religieuse, n'y a pas épargné les malades ; cependant les effets de cette contagion se dissipent journellement.

Il a été fait aussi des améliorations provisoires dans les maisons de l'Hôpital-Général.

La suppression du bureau du Saint-Esprit et de ceux de comptabilité établis à la Pitié, ainsi que la diminution du nombre des chapelains, ont produit une diminution de dépense.

On avoit établi à la Pitié une classe d'élèves où des enfans précepteurs devoient enseigner à d'autres la lecture, l'écriture et le plein-chant. Cette institution dispendieuse et tout-à-fait inutile par l'incapacité et l'inexpérience des maîtres, ne présentoit qu'une alliance ridicule de l'enfance et du pédantisme, et plus malheureusement encore étoit l'école de plusieurs vices. Tout en sollicitoit la suppression, et le résultat a été une économie de plus de 10,000 livres par an.

Le Directoire a cru aussi devoir abolir l'usage d'envoyer les enfans aux convois des paroisses. Sans aucun profit pour la maison, cet abus immoral, propre à dénaturer l'enfance, en l'habituant à se jouer des appareils funèbres et des actes religieux, avoit encore d'autres inconvéniens, à cause des sorties nocturnes.

Une filature de laine qui occupe trois à quatre cents enfans, dont chacun gagne six livres par mois, leur procure maintenant une occupation plus convenable.

On se propose d'établir dans cette maison une infirmerie pour les enfans. L'insuffisance de secours obligeoit d'en envoyer à l'Hôtel-Dieu un grand nombre qui n'en revenoit qu'avec des maladies de peau ou des fièvres incurables. Un bâtiment presque vacant donne un emplacement suffisant,

et tout le linge qui y sera nécessaire , existe depuis long-
tems en réserve.

Dans la Salpêtrière , hôpital destiné aux femmes , et qui
contient plus de cinq mille individus , les ecclésiastiques
qui étoient au nombre de quatorze , non compris le recteur,
ont été réduits à six.

Le changement dans le placement du corps-de-garde ,
et la réduction du nombre des gardes , a donné une diminution de dépense de plus de 3,200 livres qui sera dans la
suite portée à 5,400 liv.

Mais la plus importante des opérations à faire dans presque
toutes ces maisons , c'est la suppression des tables des employés , et la conversion de cette dépense en un traitement
pécuniaire. A cette foule de tables couvertes de superfluités ,
payées avec la subsistance des pauvres , il se faisoit des distributions inégales de vin par portions doubles , demi-doubles de
$\frac{1}{4}$, de $\frac{1}{4}$ et un $\frac{1}{8}$, de $\frac{1}{8}$, et ces mesures bisarres multiplioient
encore les embarras des détails.

En attendant une réforme complette , les distributions
de vin ont été converties en argent , ce qui produira un
bénéfice de 11,504 liv. 15 s.

La première table des employés a été tout-à-fait sup-
primée ; la dépense totale de ceux qui avoient droit d'y
prendre leurs repas , montoit à 43,497 liv. ; tout est payé
maintenant avec 28,200 livres , et la maison n'a plus à leur
fournir ni nourriture , ni lumière , ni blanchissage , ni voitures , ni meubles , ce qui forme une économie de plus de
15,000 liv.

La suppression du médecin attaché à l'infirmerie de la
Salpêtrière , et celle de son élève , a économisé douze à

quinze

quinze cents livres , et le service se fait par le médecin en chef de l'hôpital général.

Les mêmes réformes ont été commencées dans la maison de Bicêtre , qui contient 3,700 individus. La substitution d'une somme en argent , au lieu de la fourniture de vin aux employés, a réduit à 24,420 liv. une dépense qui excédoit 41,000 l. , ce qui donne une différence de 16,500 l. Il est à remarquer que 746 pauvres n'en consomment que pour 34,000 liv. , en sorte que cette partie de la dépense des employés excédoit celle de tous les pauvres.

C'est une remarque que vous aurez souvent lieu de faire , que dans tous les hôpitaux , le bien-être des pauvres et des malades paroît toujours sacrifié à celui des employés. On croiroit que ceux-ci ont été l'objet principal de ces institutions , et que les autres ne sont redevables des secours qu'ils reçoivent qu'à la bienveillance des personnes atta-chées au service de la maison.

Les pauvres se sont ressentis de l'effet de ces économies. Le service de leur table a été plus abondant, un plus grand nombre a été admis aux distributions de vin ; les salles ont été aggrandies ; on a augmenté, dans beaucoup de maisons, le nombre des lits pour un seul, et ces lits ont été donnés aux pauvres les plus âgés et les plus infirmes.

A Bicêtre on a réformé l'abus inexcusable de confondre les prisonniers avec les insensés, et on a fait augmenter, pour ceux-ci, la distribution de pain, qui étoit au-dessous de leurs besoins.

L'hospice Saint-Jacques est monté en grande partie ; il est destiné à recevoir les vénériens qu'on traitoit à Bi-cêtre ; le nombre des malades y sera doublé, et ils seront

E

beaucoup mieux traités. La suppression de l'hospice de Vaugirard, dont les malades pourront être transférés à l'hospice Saint-Jacques, couvrira entièrement cette dépense.

Sainte-Pélagie, qui n'est plus une maison de force, et dont les religieuses reçoivent des pensionnaires, est approvisionnée par l'hôpital-général, qui, à ce moyen, acquiert journellement une créance sur cette maison. Le local, lorsqu'il sera vacant, pourra servir à réunir l'hôpital du S. Esprit à la maison de la Pitié, et l'on pourra aliéner les bâtimens attenans à l'hôtel-de-ville, dont cet hôpital est propriétaire, et où la municipalité a placé quelques-uns de ses bureaux.

Les maisons des Enfans-Trouvés exigent un régime absolument nouveau. Le Directoire s'est contenté d'abolir quelques abus odieux qu'un long usage y avoit établis comme des droits.

Celui ou celle qui se présentoit pour s'informer de l'existence d'un enfant, étoit contraint à payer 12 liv. 10 sols; c'étoit un motif pour les soustraire à tous les regards, et pour écarter quelquefois une jeune mère qui venoit en secret jetter un coup-d'œil sur la malheureuse victime de sa foiblesse.

Une autre rétribution de 100 livres étoit exigée des parens qui venoient réclamer un enfant; cette amende barbare, imposée sur les remords de la paternité, a été aussi abolie par le Directoire, et les réclamans ne payent plus que ce qu'ils consentent à donner.

La maison de Scipion n'est qu'un entrepôt des denrées qui se consomment dans les maisons de l'hôpital-général. La suppression de la fabrique de chandelle a produit une économie annuelle de 4000 livres.

Il dépend de l'hôpital général un établissement absolument étranger au régime des hôpitaux , c'est le Mont-de-
Piété. Les frais de cette institution et son produit , ses
avantages et ses inconvéniens seront l'objet d'un rapport
détaillé qui vous mettra à portée de connoître si elle doit
être conservée.

La Charité, les Petites-Maisons et la Trinité , sont toujours sous leurs anciennes administrations.

L'hôpital des Quinze-Vingts étoit autrefois soumis à une
administration qui ne subsiste plus , celle du grand au-
mônier ; les sous-administrateurs étoient des *gouverneurs* ,
et un chapitre composé de *frères aveugles* et *frères voyants.*
Tout ce régime subalterne étoit subordonné à l'administration en chef, dont le Directoire devoit remplir les fonctions. Les sous-administrateurs ont cherché à se soustraire
à cette autorité , et l'ambiguité de la loi a assez favorisé
leurs prétentions pour que le Directoire ait été réduit à ne
pouvoir qu'indiquer les abus énormes de la régie de cette
maison, sans y apporter le remède.

Les revenus des hôpitaux de Paris ont souffert des diminu-
tions énormes par la suppression des entrées, des rétributions
payées par les spectacles et des secours qui leur étoient ac-
cordés par le trésor public, en même-temps que l'établissement de la contribution foncière sur leurs revenus en terres
et en maisons, a beaucoup augmenté leurs charges.

Ces différentes circonstances ont causé , sur le revenu annuel de l'Hôpital-Général , une diminution de 2,599,300 liv.

Et sur celui de l'Hôtel-Dieu de . . . . 557,291 liv.

Avant ces pertes de revenus , l'Hôpital-Général jouissoit
annuellement de plus de trois millions , et l'Hôtel-Dieu de

plus de treize cent mille livres, toutes charges déduites.

Les fonds de l'Hôpital-Général et de l'Hôtel-Dieu peuvent être évalués ensemble à vingt millions, mais en propriétés, d'un produit excessivement disproportionné, à cause des réparations, frais de régie et entretien, et à cause de la nouvelle charge à laquelle elles sont assujetties par la contribution foncière.

L'assemblée nationale a assigné la dépense annuelle des hôpitaux sur les sols additionnels des contributions ; mais cette addition, qui ne peut excéder quatre sous pour livre, sera évidemment insuffisante pour toutes les dépenses auxquelles elle est destinée.

En attendant que le produit des contributions puisse fournir aux remplacemens de ces pertes, et en exécution du décret du 8 juillet, qui a accordé aux hôpitaux un secours de trois millions, la caisse de l'extraordinaire a été autorisée à avancer 250,000 livres, par mois, à l'Hôpital-Général, et 100,000 livres, par mois, à l'Hôtel-Dieu. Il y a eu quatre mois d'acquittés ; ce qui forme une avance de 1,400,000 liv.

Des états particuliers vous instruiront de tous les détails de cette comptabilité.

Tout le passif arriéré des hôpitaux, qui montoit à plus de 1,600,000 livres, est maintenant soldé, et les dépenses sont au courant. Il y a même un restant en caisse de plus de 1,100,000 livres.

Quand les fonds de ces établissemens seront établis, une diminution certaine de plus de 600,000 livres dans les dépenses anciennes, assurera des secours à plus de cinq mille nouveaux indigens, sans augmenter les charges publiques.

J'ai cru pouvoir, messieurs, m'étendre avec quelque détail sur les améliorations, dont les indigens sont déja redevables à la nouvelle forme d'administration, et sur celles bien plus importantes encore qu'ils doivent en espérer. Cette idée consolante adoucit la tâche pénible que les administrateurs ont entreprise, et au milieu de tous ceux qui déplorent avec tant d'amertume la perte de quelques jouissances que la révolution leur enlève, l'homme juste et sensible, qui porte le même œil sur tous les membres de la société, ne peut s'empêcher de reconnoître que la masse entière des maux qui affligeoient l'humanité, se trouve déja considérablement diminuée.

§ II. *Prisons et maisons de détention.*

Les prisons, qu'on ne doit plus affecter de rendre hideuses et mal-saines, mais qu'il faut regarder comme les hôpitaux du crime et de l'infortune, appellent aussi tous les soins de l'administration.

Les visites fréquentes qui ont été faites par la commission des hôpitaux, et par les membres de la société-royale de médecine, dans celles de la conciergerie, du châtelet, de la Force, et de l'abbaye Saint-Germain, indiquent par-tout de nombreux abus et des réformes pressantes. Le nombre exhorbitant des prisonniers qui y sont entassés, en rend la surveillance et la garde extrêmement difficiles, et les moyens sont affoiblis par la diminution des ressources qui fournissoient à cet entretien. Le Directoire a remédié aux désordres de la comptabilité et à quelques défauts de police intérieure, en faisant revivre des réglemens absolument négligés ; mais les vices principaux auxquels il faut remédier, exigent une réforme générale.

Cette réforme s'opérera par la nécessité de substituer incessamment aux anciennes prisons, les diverses maisons de détention, établies par les loix des 22 juillet, 29 septembre et 6 octobre, sous le nom de *maisons de correction*, pour les jeunes gens au-dessous de 21 ans, jugés par le tribunal de famille, et pour les personnes condamnées par voie de police correctionnelle; *maisons d'arrêts*, situées près de chaque tribunal de district, pour retenir ceux qui y seront envoyés par mandat d'officier de police; *maisons de justice*, près de chaque tribunal criminel, pour y détenir ceux contre lesquels il sera intervenu une ordonnance de prise de corps, et *prisons* pour y subir la peine, soit de gêne, soit de détention, avec travail, par les criminels qui y seront condamnés par jugement, aussi-tôt que l'institution des jurés aura mis en vigueur le nouveau code pénal. Les mesures pour la sûreté et la salubrité de ces différentes maisons ont été spécialement recommandées à la vigilance des procureurs-généraux - syndics de département, sous l'autorité des Directoires.

La municipalité de Paris doit indiquer plusieurs édifices propres à ces différentes destinations : ces projets seront soumis à l'examen et à l'approbation du Conseil.

Le dépôt de mendicité de Saint-Denis est resté, jusqu'à présent, sous l'administration du Directoire avec la même forme qu'il avoit sous l'intendance. Il est toujours regardé comme une maison de force, dont les dépenses sont payées sur les fonds généraux de la mendicité. Le Directoire a accordé à la municipalité de Paris, sur sa demande, la disposition de sept à huit cents places dans ce dépôt, pour y renfermer les mendians et vagabonds, dont elle desire de purger la capitale.

On a fait dresser sur ce dépôt, sur ceux de la Force, à Bicêtre et à la Salpetrière et sur la maison de Charenton, un travail complet, qui présente tous les genres de traitemens employés dans les différentes maisons de ce genre qui existent en Europe, et dont le résultat offre un réglement propre à être mis en activité dans ces dépôts. Ce réglement renferme tous les détails d'économie, et toutes les vues morales applicables à ces établissemens, et il est important que le Conseil en prenne une connoissance particulière.

§ III. *Institution d'enseignement.*

'Après s'être occupée des différentes natures de secours que sollicitent les divers genres d'infortunes, il reste à l'administration des devoirs non moins importans, mais bien plus doux à remplir : c'est le soin de l'instruction publique, la première obligation que contracte chaque génération envers celle qui se prépare à prendre sa place.

Attendant impatiemment d'un moment à l'autre, comme le reste du royaume, l'organisation d'une éducation nationale, que pouvoit faire le Directoire de toutes ces institutions gothiques, qui, sous le nom de *collèges*, sont entassées dans un des quartiers de la capitale ; de ces *nations*, de ces *facultés de droit* et *des arts*, si étrangères au nom qu'elles portent, de ce corps abstrait qu'on appelle *Université*, et dont on n'apperçoit nulle part l'action ni l'existence, si ce n'est dans quelques cérémonies ridicules, et dans ce cortège inutile de recteur, de questeurs, d'appariteurs et d'autres stipendiés oisifs, qui se partagent entre eux un revenu considérable ?

Le Conseil n'apprendra pas, sans surprise, que tout ce

vain appareil d'enseignement, consomme annuellement un revenu en rentes, fermages et loyers de maisons, montant à 1,336,175 livres, et qu'après avoir fait l'acquit et la distribution de toutes ses dépenses, il lui reste annuellement un excédent de 135,632 livres à employer en dépenses extraordinaires.

Au milieu de leur inutilité, ces écoles ont quelquefois attiré l'attention du Directoire. Les adversaires de la Constitution, pour rendre leur fiel plus dangereux, ont cherché à corrompre l'enfance, comme de lâches ennemis, qui, dans leur rage, veulent empoisonner les sources. La vigilance du Directoire a arrêté ces désordres. Il a éloigné quelques enfans qu'on avoit égarés, et qui s'étoient portés à des excès contre les compagnons de leurs études, et ces jeux atroces du fanatisme n'ont produit qu'une journée de scandale. Les professeurs et autres employés assujettis, par une loi, à un serment, ont été remplacés, faute de l'avoir prêté. Le Directoire a été déterminé par des motifs de prudence, à faire fermer les écoles de théologie de Sorbonne et de Navarre ; dans les collèges, quelques chaires de logique, qui n'étoient suivies que d'un trop petit nombre d'écoliers, ont été laissées vacantes. Mais tous les efforts du Directoire n'ont pu vaincre la résistance opiniâtre des officiers de l'université, destitués faute de serment, et qui se débattent encore devant les tribunaux.

On vous soumettra un projet d'instruction publique, particulier à la ville de Paris ; mais en attendant qu'il ait son exécution, le directoire s'est fait présenter les programmes d'études, pour cette année, dans les divers collèges de Paris, et il les a approuvés, après y avoir fait ajouter l'enseignement
ment

ment des principes de la Constitution, d'une manière proportionnée aux différens âges.

Les dépôts de monumens des arts, d'instrumens des sciences, de collections précieuses n'ont pas été négligés par le Directoire. Il a sollicité et obtenu un secours de 100,000 l. pour être employé à completter une des classes les plus importantes de la bibliothèque nationale.

Dans les soins qu'il a donnés au sallon d'exposition des tableaux, il n'a négligé aucun des moyens d'honorer les arts, d'encourager les talens et d'exciter l'émulation.

2°. Travaux publics.

§ I. *Ponts et chaussées.*

Différentes classes de la société, différens âges ont des besoins qui leur sont particuliers, mais il en est qui sont communs à tous les membres d'un empire : de ce nombre sont les routes, les ponts et chaussées, les édifices publics, les ouvrages de navigation et tout ce qui sert à rendre les communications plus sûres et plus faciles.

Le retard qu'a éprouvé l'organisation des ponts et chaussées, et le changement des ingénieurs ont long-tems privé le Directoire des secours nécessaires pour suivre les détails relatifs à cette partie du service public. Cependant, dès le 21 juillet, il a arrêté l'état des travaux indispensables pour cette année ; plusieurs autres ont été retardés, parce qu'il falloit mettre la plus grande circonspection dans les dépenses, et ne pas surcharger les administrés pour des objets dont l'utilité n'étoit pas démontrée. L'ingénieur en chef du département a reçu ordre de faire reprendre tous les ouvrages énoncés en cet état , et ils sont tous en activité.

Le fonds compris pour la réparation et entretien des grandes routes, dans les sols additionnels des contributions de cette année , s'élève à 260,000 liv.

C'est sur ce fonds que sera imputé le payement de tout le service de cette année ; mais le retard de la perception , et le défaut d'avances par le gouvernement, laisse les entrepreneurs de ces travaux en souffrance.

Le Directoire a plusieurs fois sollicité le ministre de l'intérieur de lui obtenir les fonds nécessaires pour ce service , et il croit pouvoir espérer un secours du gouvernement.

C'est sur ces premières connoissances que le Directoire a établi le service de l'année 1791 , mais il a demandé pour établir celui de 1792 , des renseignemens plus positifs et plus détaillés. Il attend de M. Demoustier , ingénieur en chef, des états circonstanciés sur tout ce qui tient à cette administration , d'après la demande qu'il lui en a faite.

Ces états , qui comprendront tous les ouvrages utiles , réuniront les éclaircissemens et les observations particulières qui pourront mettre le département à portée de juger de quels travaux il doit s'occuper préférablement. Ceux dont l'exécution pourra être différée , vous seront soumis pendant votre session , et vous apporterez , Messieurs, dans cette partie du service public, toute l'attention qu'exige le plus grand bien des administrés, en ménageant les facultés des contribuables.

§ II. *Carrières.*

Mais l'objet le plus important, celui qui appellera plus

particulièrement votre examen, ce sont les carrières qui se trouvent sous l'intérieur de la ville, et sous une grande partie du département de Paris. A l'intérêt continuel que mérite un objet d'une aussi grande importance, se joint, dans ce moment-ci, une considération particulière, c'est le besoin de remettre dans l'administration de cette partie, l'unité et l'en-semble nécessaires pour en diminuer les frais et en augmenter l'utilité.

Il n'y avoit eu jusqu'au mois d'août 1791, qu'une seule administration des carrières, dont les fonctions compre-noient l'intérieur et l'extérieur de la ville à une lieue au-delà de la banlieue.

Cette administration étoit avant 1789 sous les ordres di-rects et immédiats du gouvernement, qui fournissoit les fonds nécessaires.

A l'époque du mois de juillet 1789, elle passa sous l'au-torité municipale; mais comme les fonds étoient toujours fournis par le trésor public, l'unité d'administration étoit conservée, et les mêmes ordonnateurs dirigeoient tous les travaux.

Au mois de juillet 1791, lorsque les dépenses de la ville de Paris cessèrent d'être payées par le trésor public, et que la municipalité fut chargée d'y pourvoir, elle sépara les carrières de l'extérieur, qui devenoient à la charge parti-culière des districts, de celles de l'intérieur, qui restoient à la sienne : elle supprima, pour sa partie les fonctions d'ins-pecteur général qu'exerçoit depuis long-tems M. Guillaumot, et les confia à M. Duchemin, inspecteur du pavé de Paris. Le Directoire conserva provisoirement M. Guillaumot pour les carrières de l'extérieur. Cette division est une suite de la

méthode adoptée d'affecter les fonds de certaines dépenses
publiques sur certaines circonscriptions de territoire ; c'est
une des preuves des inconvéniens extrêmes que cette forme
doit entraîner ; et il est facile de sentir combien de désordres
résulteront nécessairement de la scission d'une administration
dont les parties se touchent par tant de rapports , dont la surveillance doit s'exercer par les mêmes agens , et dont les travaux sont nécessairement souvent confondus. Economie dans
les dépenses, exactitude dans le service , vigilance et activité
dans l'exécution , sont des avantages qui tiennent à l'unité
d'administration, et ne peuvent subsister qu'avec elle. Il sera
soumis à votre examen , Messieurs, un mémoire très-détaillé
sur cet objet, sur lequel le Directoire appellera toute votre
attention.

§ III. *Travaux de secours.*

Tous les ouvrages annuels destinés à faciliter les communications dans l'étendue du département , sont relatifs aux
communications par terre. Les canaux et les ouvrages nécessaires pour la navigation n'ont point de fonds permanens ;
mais il en a été fait de ce genre pour 1791 seulement , dans
la vue d'établir des travaux de secours.

Ce mot vous rappelle, Messieurs, ces atteliers de fainéan-
tise qui ont trop long-tems affligé vos regards dans toutes les
avenues de la capitale. Cette institution funeste, l'une des
plus grossières erreurs de la bienfaisance, en offrant une
prime à la paresse et à l'effronterie, tendoit à avilir le travail
et à décourager l'indigence laborieuse. L'aumône, déguisée
sous le nom de salaire, étoit demandée sans pudeur, et ac-
ceptée sans reconnoissance ; cette émulation salutaire qui

alimente le goût du travail, s'éteignoit journellement ; les atteliers des manufactures étoient déserts ; la langueur de l'industrie préparoit la ruine du commerce, et la plus pure substance des contributions du peuple, alimentoit par des flots d'or, ce foyer de corruption et de misère.

Enfin un décret du 16 juin, détruisit entièrement ce fléau, et suprima les fonds qui étoient destinés à l'entretenir. Le Département ne le connoît plus que par la nécessité de pourvoir à son entière liquidation, pour laquelle il existe encore des répétitions pour une somme de 50 à 60,000 liv.

Lors de cette suppression, l'assemblée nationale avoit décrété un fond d'un million, pour l'établissement, dans l'étendue du département, de divers travaux publics, désignés dans le décret. Les plus importans de ces travaux, étoient la construction d'une garre à Charenton, l'ouverture d'un nouveau canal à la Seine, vis-à-vis Passy, les réparations des quais dans Paris, et de nouveaux ouvrages de construction au pont de Louis XVI.

La direction de ces travaux fut confiée par le département à l'ingénieur en chef, et ils s'exécutent sous ses ordres, par les divers adjudicataires de ces ouvrages. Ce n'est pas sans beaucoup de peine que cette entreprise a pu s'établir. Les ouvriers furent plusieurs fois insultés et maltraités par des attroupemens composés des restes impurs des anciens atteliers de charité. La force publique fut employée à différentes reprises pour contenir ces malfaiteurs ; la constance et la fermeté du Directoire, lassèrent leur opiniâtreté, les travaux s'établirent et ils se continuent maintenant avec activité.

Parmi les comptes pécuniaires que le Directoire vous présentera, vous trouverez celui des dépenses assignées sur ce fonds.

Il étoit fixé à un million. Une nouvelle avance de 3oo,ooo l. pour des ouvrages d'art, le porta à 1,3oo,ooo l.

Tous les détails de cette partie de comptabilité, vous seront soumis par des états particuliers.

§ IV. *Edifices.*

Parmi les édifices publics, dont le soin est confié au Directoire du département, il en est un qui a été l'objet d'une délégation plus spéciale du corps législatif. Le décret du 4 avril dernier, a consacré l'ancien édifice de Sainte Geneviève à un usage digne de la religion d'un grand peuple, et le Département a été chargé de mettre ce monument en état de remplir sa destination.

Un événement douloureux venoit d'affliger la France, et la reconnoissance de la patrie étoit impatiente de se manifester. Il falloit ouvrir une tombe à cet homme célèbre que la nature avoit armé pour combattre au milieu des révolutions, et que vous pourriez vous rappeller d'avoir compté parmi vos membres, s'il étoit possible de circonscrire aucune des parties de son existence, et si par son génie et par ses grands services publics, il n'appartenoit pas à l'humanité toute entière.

La direction des travaux nécessaires à l'achèvement de l'édifice destiné aux grands hommes, a été donné à un citoyen, ami des arts, honoré plus d'une fois de la confiance publique, et qui a apporté à cette mission tout le zèle que ces deux titres devoient en faire attendre.

Divers décrets ont successivement accordé pour cette dé-

pense, une somme de 200,000 liv., qui sont bientôt épuisés
par les travaux faits depuis le premier juillet, époque à laquelle ce monument a passé sous la direction du Département.

Un de ces décrets obligeoit le Directoire à présenter ses
projets et devis des ouvrages nécessaires à la perfection de
l'édifice. En conformité de ces décrets, M. Quatremere a
fait, au Directoire, le rapport des divers changemens nécessaires, pour donner au Panthéon Français sa nouvelle
destination ; le devis estimatif s'élève à 1,520,000 liv. ; il
avoit été envoyé à l'assemblée nationale constituante, avant
la fin de sa session ; mais le tems ne lui a pas permis de
l'examiner ; elle en a décrété l'ajournement à la première
législature.

Le Directoire a repris de nouveau la suite de cette demande, et sollicite, du corps législatif, le fonds nécessaire
pour l'achèvement d'une entreprise confiée à ses soins, et
qui lui est déléguée comme dépense nationale.

3°. FORCE PUBLIQUE.

Parmi les besoins généraux de la société, il faut compter
encore l'institution et l'entretien d'une force suffisante pour
la repression des délits, l'exécution des loix, la sûreté des
personnes, et la conservation des propriétés publiques et
particulières. Chaque administration est tenue de surveiller
le service et l'emploi des corps armés dans l'étendue de son
ressort.

Tous les corps militaires qui composent la force publique,
dans le Département de Paris, sont de formation nouvelle, et

leur organisation a été l'un des premiers travaux du Directoire.

Ces corps se divisent en deux parties, absolument différentes par leur régime.

1°. La gendarmerie nationale.

2°. Les troupes de ligne.

§ I. *Gendarmerie nationale.*

La gendarmerie nationale du département de Paris, est
formée de différentes divisions, dont une partie est particulière à la ville de Paris, et l'autre dépend de la gendarmerie créée pour tous les départemens du royaume.

Cette dernière comprend deux compagnies, formant
entr'elles vingt-huit brigades montées, dont quatre sont
placées à Paris, et les vingt-quatre autres, dans les différens points du département. Ces deux compagnies sont
attachées à la première division des vingt-huit, créées par
la loi du 16 février 1791, et sont, ainsi que celles de Seine
et Oise, et de Seine et Marne, sous les ordres du colonel de
cette première division.

Le Directoire a nommé un capitaine et quatre lieutenans, pour la première composition de ces compagnies.
Il a déterminé les résidences, sur l'avis du colonel, et les
placemens des officiers ont été fait par le ministre de la
guerre. En exécution de la loi du 18 septembre, le Directoire a fait dresser les états des brigades existantes, et des
brigades d'augmentation, et les a adressés au ministre, qui
doit les remettre au corps législatif.

La portion de gendarmerie nationale, particulière au
département de Paris, comprend;

1°. Les grenadiers de la gendarmerie, au nombre de 100 hommes, divisés en deux compagnies, destinés à faire le service près le corps législatif, la haute cour nationale et le tribunal de cassation. La composition en a été faite des compagnies de la ci-devant prévôté de l'hôtel. Les soins du Directoire se sont bornés à recevoir le serment des officiers, à enregistrer les commissions, à nommer à l'emploi de secrétaire-greffier, à faire la délivrance de l'armement et à fournir un cazernement en nature. Après plusieurs recherches, la maison des Grands-Augustins est celle qui a paru présenter, pour cet usage, plus de convenance et plus d'économie.

2°. La gendarmerie non montée, au nombre de 202 hommes, divisés en deux compagnies attachées à la première division, et sous les ordres du même colonel. Ces deux compagnies destinées au service des tribunaux du département, à la garde des prisons et au transfèrement des prisonniers, ont été composées des compagnies de la robe-courte ; elles ont été mises au complet, par le Directoire, sur les présentations faites par le colonel. Le Directoire a nommé aux places de brigadiers, qui étoient vacantes, et le cazernement qui doit être fourni à ces compagnies, est indiqué.

3°. Une division de gendarmerie à cheval, composée de huit compagnies, formant ensemble 912 hommes, et formées, en exécution de la loi du 28 août, de l'ancienne garde nationale à cheval. Le cazernement de cette division ne doit être fourni en nature qu'autant qu'il seroit exigé par le besoin du service.

4°. Une division de gendarmerie nationale à pied, formée

en exécution de la même loi, d'une partie de la garde
nationale soldée, d'après le tirage fait des compagnies.
Cette division doit être de 912 hommes, divisés en huit
compagnies. Le cazernement qui doit lui être fourni en
nature, est indiqué, et le Directoire s'est concerté, à cet
effet, avec la municipalité de Paris.

Le remplacement des gendarmes nationaux, dans toutes
ces différentes divisions, doit être fait suivant la loi du 16
février, au choix du Directoire, sur une liste de cinq noms,
qui lui sera présentée par le colonel de chacune des divisions,
où il y aura lieu au remplacement. Les places vacantes de
lieutenans, sont alternativement remplies par des maré-
chaux-des-logis, à la nomination des officiers de la division,
et par des sous-lieutenans des troupes de ligne, à la nomination du Directoire, suivant les formes déterminées par la
loi.

Le Directoire tient les registres prescrits pour l'inscrip-
tion des aspirans ; il vérifie les titres, et enregistre, avec
exactitude, les états de service, pour être envoyés au ministre, à chaque présentation, avant que le sujet puisse
être pourvu de commission.

Ce n'est pas le seul objet confié aux soins du Directoire.
Il est chargé de la revision des comptes réglés par le conseil d'administration, attaché à chaque division, et de faire
faire, en sa présence, la revision demandée par les compagnies ; de donner, mois par mois, sur les fonds publics, des
mandats pour les traitemens et appointemens, en conséquence des états qu'il reçoit du ministre, ayant la correspondance des départemens ; de proposer à l'administration
les gratifications pour les officiers, sous - officiers et gen-

darmes qui auront fait le meilleur service , sur la somme mise , à cet effet , à la disposition du département ; enfin il est chargé de correspondre avec les chefs de ces différentes divisions, pour faire parvenir au corps législatif et au roi ses observations sur les besoins et la convenance du service.

§. II. *Troupes de ligne.*

Les troupes de ligne destinées, quant à présent, au service de la capitale, sont :

1°. Les trois régimens d'infanterie de ligne, créés par la loi du 28 août, et formés d'une partie des compagnies de l'infanterie soldée de la garde nationale parisienne, par la voie du sort. Ces régimens de deux bataillons, dont chacun de neuf compagnies, sont composés chacun de 1878 hommes, et prennent rang après le 101e. régiment d'infanterie. Leur rang a été tiré au sort entr'eux.

2°. Les deux bataillons d'infanterie légère, créés par la même loi, et formés aussi d'une partie des compagnies de l'infanterie soldée de la garde nationale parisienne , par la voie du sort. Ces bataillons, chacun de huit compagnies, forment en totalité 1622 hommes , et prennent rang après le 12e. bataillon d'infanterie légère. Ils ont aussi tiré au sort, le rang qu'ils doivent prendre entr'eux.

Le Directoire a été chargé de pourvoir au cazernement qui devoit être fait, autant qu'il étoit possible , par bataillon, ou au moins par demi bataillon , de faire établir dans ces cazernes des pavillons pour les officiers , et en attendant, de fixer le prix de leur logement provisoire. Le travail relatif à ces cazernemens , est prêt, et est approuvé par le Roi.

Outre les soins qui concernent les corps militaires résidens ou cazernés dans le département, le Directoire est encore chargé de différentes fonctions, dépendantes de l'administration militaire générale du royaume, sous les ordres du Roi, et par correspondance avec le ministre de la guerre.

De ce nombre sont la revision des comptes de la régie des étapes et convois militaires. Les registres de cette régie sont déposés au bureau. Il manque le dernier trimestre, et le rapport général sera incessamment fait au Directoire.

Les états de revue des chevaux d'artillerie qui ont été confiés à des cultivateurs. Il y a eu nécessité de traduire devant les tribunaux quelques-uns de ces cultivateurs qui se refusoient à la restitution.

L'adjudication, au rabais, des fournitures militaires et fabrication d'armes.

La délivrance, dans le département, des armes fournies par les magasins nationaux.

L'envoi périodique des états du prix des subsistances.

Les affaires relatives à la police des semestriers et soldats qui séjournent à Paris — aux recrutemens — aux congés.

Les secours à fournir aux soldats qui rejoignent, les étapes, les voitures et chevaux à procurer, en cas d'infirmités légalement constatées.

La surveillance du payement des invalides domiciliés dans les districts.

Je n'ai point placé au nombre des corps militaires les gardes nationales, qui ne sont que les citoyens appellés à l'aide de la force publique; mais les citoyens, lorsqu'ils remplissent ce devoir, sont assujettis à des réglemens décretés par l'assemblée nationale, et, sous ce rapport, ils ont des relations particulières avec l'administration, pour les dépenses extraordinaires de ce service.

La garde nationale parisienne a nommé ses chefs ; ceux des légions, les adjudans-généraux, et les sous-adjudans généraux, viennent d'être élus, dans des assemblées que des membres du Directoire étoient chargés de présider, en exécution de la loi du 23 septembre.

Les circonstances ont donné lieu à des mesures extraordinaires pour la défense des frontières. Les décrets des 21 juin, 22 juillet, et 4 août, ont ordonné la levée de 97,000 gardes nationales dans le royaume. Dès que le premier décret a été connu, la ville de Paris s'est empressée de fournir le plus grand nombre de citoyens qui lui a été possible, et son zèle a devancé les mesures qui ont ensuite été plus mûrement déterminées ; si cet empressement a occasionné quelques inconvéniens, il seroit difficile d'en faire un sujet de reproches.

Depuis, le contingent du département a été fixé à cinq bataillons, de 574 hommes chacun : trois ont été rassemblés dès la fin de juillet. Ils ont été reçus par M. d'Affry, commandant de la 17e. division, le 4 août, pour être remis au département de la guerre, et ont successivement campé à Gonesse et à Verberie. Aujourd'hui ils sont cantonnés à Bapaume, à Laon, et à Marchiennes.

Enfin la loi du 4 février, a ordonné la levée de 100,000 auxiliaires, destinés à mettre l'armée sur le pied de guerre, en cas de nécessité. Le Directoire s'est empressé de remplir pour cet objet toutes les formalités, dont l'exécution lui étoit confiée par la loi.

TROISIÈME PARTIE.

Comptabilité et régime particulier de l'administration.

§. I. *Dépenses générales à la charge du département.*

D'après les nouvelles loix, les dépenses de l'administration s'établissent par des sols additionels aux contributions foncière et mobiliaire.

La loi les distingue en diverses classes : les dépenses à la charge générale du département; les dépenses particulières à chaque district; enfin les dépenses de chaque municipalité.

Le Conseil, avant de terminer sa précédente session, avait arrêté l'état des dépenses à la charge générale du département.

Il se montoit à 777,360 liv., qui revenoient à 9 deniers pour livre du total réuni des deux contributions.

Cet état comprenoit les fonds pour l'établissement, et ceux pour l'administration journalière du département;

Ceux pour l'établissement des tribunaux civils et les honoraires des juges ;

Ceux pour l'établissement des prisons criminelles. Le fonds pour le traitement du tribunal criminel du département n'a pas été-fait cette année, parce que ce tribunal ne devoit commencer son exercice qu'en 1792.

Enfin des fonds pour la confection et l'entretien des grands chemins; pour des secours d'humanité et de bienfaisance; pour les frais de l'assemblée électorale du département.

Ces fonds devoient se percevoir en même-tems que les
ontributions de 1791 ; mais le retard de la perception aurait
rivé l'administration de toute ressource, et laissé le Dé-
artement sans moyens pour le payement, si deux loix
onsécutives, des 15 mai et 2 octobre, n'avoient autorisé
a trésorerie nationale à avancer les trois premiers trimestres
e l'année 1791 , contre des récépissés du département,
ortant, suivant la loi, obligation de les remplacer.

Ce sera l'emploi de ces avances qui fera la matière du
ompte pécuniaire qui vous sera rendu.

Elles n'ont servi qu'à payer les frais courans de l'admi-
istration; le traitement des juges , et une très-petite por-
ion des dépenses de premier établissement.

Nous ne devons pas vous dissimuler, Messieurs, que le
onds , fait pour ces dépenses, ne sera perçu totalement,
u'autant que le montant des deux contributions sera
ntièrement recouvré; et si quelque cause en empêche ou
n diminue la perception, il se trouvera un vide dans le
onds présumé pour ces dépenses.

De même, une partie de ces dépenses, telles que les frais
établissement de tribunaux ; ceux de l'établissement du
épartement, n'ont été évalués que par apperçu , et em-
loyés pour une somme qui paroît au-dessous de leur
ontant réel ; il sera nécessaire d'en rejetter une partie
ur les sols additionnels de 1792 et des années suivantes,
usqu'à l'entier payement.

Le département des travaux publics de la ville, ayant
ait les dépenses de l'établissement du département, qui se
ont ainsi trouvées confondues en partie avec les dépenses
unicipales , il n'est pas possible d'évaluer à combien elle

peuvent s'élever. D'après les renseignemens donnés par la ville, les dépenses, pour l'établissement des six tribunaux civils, monteroient à plus de 130,000 liv.

Après les dépenses à la charge générale du département, la seconde classe comprend les dépenses particulières à chaque district.

Ce sont les frais d'administration de district qui comprennent les frais de premier établissement, et du loyer de la maison de l'administration; les indemnités des administrateurs et les appointemens des commis; les frais de la justice de paix; enfin ceux des secours de bienfaisance; et fonds de dépenses variables. Ces états proposés par les Directoires de districts, ont été arrêtés par le Directoire de Département. Ils montent, pour le district de S. Denis, à 45,548 liv., formant neuf deniers et demi pour livre de ses contributions; et pour celui du Bourg la-Reine, à 46,862 l., formant dix deniers et demi pour livre de ses contributions.

Les avances faites par la trésorerie nationale, ont été partagées entre les districts, au prorata de leurs besoins particuliers, et à charge de remplacement sur la perception des sols pour livre additionnels.

Chaque municipalité de ces deux districts, a dû, de même en recevant le mandement qui fixoit sa cote-part dans les contributions, établir l'état de ses dépenses locales, qui doit être soumis à l'approbation du Directoire de district, avant de faire le rôle de chaque municipalité.

§. II. *Dépenses de la ville de Paris.*

Telle est, Messieurs, la forme prescrite par la loi, pour établir

établir le fonds des frais d'administration dans chacun de ses degrés. Cet ordre n'est dérangé que pour la seule ville de Paris qui, n'ayant point d'administration de district, réunit en un seul article le fonds des dépenses d'administration et celui des dépenses municipales.

Cette partie des dépenses d'administration est trop importante pour ne pas mériter un détail particulier; et l'inquiétude vague qui se répand dans le public sur les comptes de la municipalité de Paris, rendra plus intéressans ceux qui vont vous être donnés.

Avant la révolution, la plus grande partie des dépenses de la ville de Paris étoit payée par le trésor national. Son pavé, son illumination, son nettoiement, sa police, sa garde, étoient regardées comme dépenses publiques. La trésorerie nationale avoit été autorisée par les décrets de l'assemblée nationale à en continuer le paiement, mais les dépenses extraordinaires occasionnées par la révolution et ensuite par l'établissement d'une administration nouvelle, et la diminution sensible des revenus qu'elle tiroit des octrois, avoient épuisé tous ses moyens de dépense. La suppression prochaine des entrées alloit même retrancher entièrement une branche très-productive de ses revenus; la municipalité avoit déjà exposé ses besoins à l'assemblée nationale, qui l'avoit renvoyée au département qui venoit de se former.

La municipalité présentoit alors un état de réclamations des dépenses faites pour l'utilité générale du royaume, dans lesquelles elle comprenoit, la démolition de la Bastille : ce qu'elle avoit déja payé à-compte de la fédération, les frais de distribution d'armes, des mesures de sûreté qu'elle avoit prises, et les locations des casernes et corps-de-garde

H

de la Garde nationale. Cet état de réclamations montoit, pour cette partie, à 3 millions.

Le premier arrêté de la municipalité à ce sujet, est du 18 février, jour de l'installation de l'administration du département.

L'assemblée nationale décrèta qu'il lui seroit fait une avance de 3 millions, payables par tiers de mois en mois, à compter du 10 mars, à titre d'avance, à reprendre sur le seizième qui lui revenoit sur le produit de la vente des biens nationaux.

Cette somme devoit être employée au paiement des objets les plus pressans dûs par la municipalité, suivant l'état qu'elle en fourniroit à l'administration du département et d'après son approbation.

En exécution de cette loi, le premier état de distribution fut envoyé au Directoire le 16 mars, et approuvé par lui le lendemain.

Le deuxième et le troisième le furent successivement à l'époque de leur présentation. Ils comprenoient les fonds nécessaires pour le paiement des rentes de la ville ; des engagemens qu'elle avoit contractés avec les fournisseurs ; des ordonnances de tous les départemens de l'administration municipale ; des indemnités des administrateurs et des appointemens des employés. Les projets de distribution approuvés par le Directoire ne furent pas suivis exactement, sans doute, parce que les circonstances étoient impérieuses ; le paiement des rentes, celui des engagemens contractés, celui des ordonnances des départemens, montèrent beaucoup plus haut qu'on ne l'avoit annoncé. Cependant on ne peut s'empêcher de faire observer qu'il y eût ou de l'inexactitude dans l'exécution de ces distributions, ou de l'inattention dans les projets de distribution soumis au Directoire. On se contentera d'en citer un seul exemple.

Les états ne portoient le paiement des commis et employés qu'à 42,000 livres par mois; et pendant le tems que la municipalité se soutint avec ces avances , depuis le 15 mars jusqu'au 15 août, ce qui fait un espace de cinq mois, cette dépense n'eût dû monter qu'à 210,000 livres , et cependant, il fut payé pour cet objet, dans cet intervalle de tems , 385,514 livres.

L'assemblée nationale , en avançant dans ses travaux , avoit ramené la municipalité de Paris à l'ordre général qu'elle avoit établi pour tout le royaume ; et à compter du mois de juillet, le trésor public ne devoit plus rien payer des dépenses municipales. Il devint nécessaire que le conseil général de la commune de Paris s'occupât de cet objet important.

La municipalité en avoit été pressée plusieurs fois par le Conseil du Département alors assemblé. Le 10 juillet elle arrêta un état provisoire de ses dépenses.

Cet état comprenoit les dépenses de la mairie, du parquet, du secrétariat et du greffe du tribunal de police municipale , les dépenses du département des subsistances , de celui de police , des établissemens publics , les traitemens du maire et des officiers municipaux , les dépenses de la bibliothèque , des archives et de la trésorerie de la ville. Il ne comprenoit rien de ce qui regardoit la garde nationale soldée; on n'y avoit point porté les frais de bureaux de l'assiette des contributions foncière et mobiliaire, qui étoient évalués à plus de 100,000 livres. On y avoit omis les frais des bureaux du département des travaux publics qui étoient cependant évalués à 180 ou 200,000 livres. On n'y portoit pas les frais de la justice de paix dans Paris, qui cependant est une charge particulière à la ville de Paris, et dont la dépense montant à 153,000 livres, doit par conséquent être défrayée par elle.

Dans cet état d'imperfection, le montant étoit cependant encore de 4,853,000 livres.

Le conseil du département alors assemblé, fut frappé de l'énormité de cette dépense. D'après l'examen qui en fut fait par les commissaires qu'il nomma, il le réduisit à 3,600,000 livres, et arrêta qu'il seroit demandé à l'assemblée nationale une avance de cette somme, pour la municipalité de Paris, à raison de 300,000 livres par mois.

Le Corps municipal fit d'inutiles représentations sur la modicité de cette fixation; le Conseil persista à la croire suffisante, et chargea des commissaires de s'entendre avec ceux de la municipalité, pour mettre dans les bureaux de la ville la réforme qu'il étoit si nécessaire 'y faire.

L'assemblée nationale rendit le 5 août un décret par lequel elle fixa la forme dans laquelle les villes pourroient obtenir des avances pour leurs besoins. Le 21, elle accorda à la ville de Paris une avance de 300,000 livres par mois, à remplacer conformément à l'art. 9 du décret du 5 août, sur les sols additionnels de 1791. Ces avances ne pouvoient être employées qu'au paiement des dépenses des six derniers mois 1791, sur des états de distribution approuvés mois par mois par le Directoire.

Le 29 août, le conseil général de la commune arrêta que pour se conformer à cette loi, les dépenses municipales seroient réduites pour les quatre mois qui devoient encore

s'écouler jusqu'au premier janvier 1792, à la somme de
de 1,260,000 livres, savoir; 1,200,000 livres à recevoir de
la caisse de l'extraordinaire, et 60,00c provenant du produit présumé des 2 sols pour livre des patentes que les
municipalités perçoivent à leur profit.

Cet arrêté devoit s'exécuter par une réduction propor-
tionnelle dans les dépenses de chaque division de l'administration municipale; mais il paroît qu'elle n'a pas été
effectuée ; et dans une dernière lettre du 23 octobre,
les officiers municipaux au département des domaines et
finances se plaignoient que leurs collègues administrateurs
pour les autres départemens, ne leur procuroient point les
états qui devoient servir de base à l'exécution de cet arrêté.

Cependant les états de distribution pour les mois de
juillet, août et septembre, furent successivement présentés
au Directoire; il les arrêta à la somme de 300,000 livres
pour chacun de ces mois ; mais jusqu'à présent, on ne
lui a fourni aucun état justificatif de l'emploi des fonds. Le
Directoire présume qu'ils ont été employés conformément
à la loi , au paiement des dépenses courantes. Le corps
municipal sollicite en ce moment de nouvelles avances pour
le paiement des trois derniers mois de l'année 1791 ; et le
Directoire lui a fait connoître qu'avant de pouvoir présenter
sa demande au corps législatif, il falloit qu'il se conformât à la
loi du 10 août, relative aux besoins des villes et aux moyens
d'y pourvoir , qui fixe pour condition de ces avances le
recouvrement des contributions de 1790 et la confection
des rôles de 1791.

Si le paiement des dépenses courantes de la municipalité,
à compter du premier juillet, est ainsi assuré, il ne sera

pas moins nécessaire de pourvoir au paiement de ses dettes
arriérées jusqu'à cette époque.

Aux termes de la loi du 10 août, les villes qui ont des
dettes arriérées doivent, dans le mois de la publication,
former l'état général de leurs dettes, et le remettre au
Directoire avec les pièces justificatives. Celles qui auront
besoin, pour les acquitter, de vendre leurs propriétés im-
mobiliaires seront tenues de se conformer, dans le délai
de deux mois, aux dispositions des décrets pour l'estima-
tion et la mise en vente des biens nationaux.

Le corps municipal avoit arrêté, le 2 septembre, les
formes de procéder à cette liquidation générale des dettes de
la ville; elle est retardée par la négligence même des créanciers et fournisseurs de la ville, qui ne présentent point leurs
mémoires à la liquidation; mais la dernière lettre reçue de
la municipalité à ce sujet, le 23 du mois dernier, annonce
qu'on met cet état au net, et que le département des domaines et finances de la ville, sera incessamment prêt pour
ce qui concerne les propriétés de la commune.

L'examen de cet état sera probablement un des objets qui
vous occuperont pendant votre session; il méritera toute
votre attention.

Le Directoire n'ose pas se flatter qu'il puisse vous mettre
sous les yeux le compte général des dépenses de la municipalité de Paris, dont la confection avoit été ordonnée par
une loi du 28 juin 1791. La longueur et la difficulté de ce
compte ont empêché la municipalité de le faire aussi promptement que la loi l'ordonnoit, et que le demandoient les lettres
du Directoire.

Il ne sera pas moins nécessaire, Messieurs, que vous examiniez avec soin et que vous fixiez définitivement l'état des dépenses municipales pour l'année prochaine. La municipalité a dû s'en occuper déja d'avance, et ne manquera sûrement pas de vous le faire parvenir pendant votre session. Vous aurez à assurer au Directoire les moyens d'une surveillance constante qui puisse empêcher l'augmentation de ces dépenses, et leur progression au-delà de la somme que vous aurez fixée. Vous aurez à déterminer les moyens de distinguer d'une manière précise les sols pour livre additionnels, qui serviront de fonds aux dépenses à la charge générale du département, et ceux qui seront destinés pour les dépenses municipales; de réunir dans une seule caisse, à la disposition du département, pour ce qui le concerne, et de la municipalité pour ce qui sera à elle, le produit de ces sols additionnels perçus dans les caisses des six receveurs.

Peut-être, en examinant les états des dépenses municipales, jugerez-vous à propos de discuter si l'on doit appliquer, à la rigueur, à la ville de Paris, la loi qui met à la charge des habitans des villes, la dépense nécessaire pour leur sûreté, leur police, leur illumination, leur propreté. Il seroit digne de l'administration du département de Paris d'examiner jusqu'à quel point une capitale est nécessaire à un grand empire, et contribue à sa force par la réunion des premiers agens de l'administration générale, des caisses nationales, des dépôts publics, de tout ce qui doit concourir au maintien d'un ordre régulier et uniforme dans toutes les parties et dans tous les points de l'empire; à sa gloire, par la réunion des chefs-d'œuvre des arts, des monumens les plus précieux, des instrumens les plus utiles, des talens qui cherchent toujours un grand théâtre, et sont d'autant plus féconds qu'ils sont plus regardés ; à sa richesse, par l'activité que donne à son commerce et à ses manufactures, le goût pour les commodités de la vie, fruit nécessaire du rassemblement de beaucoup d'hommes riches, dont les fantaisies et les frivolités forment une grande partie du patrimoine du citoyen pauvre et industrieux ; je dirois même à sa liberté par la facilité d'absorber dans les jouissances du luxe les revenus d'un riche, qui, sans lui, seroient peut-être destinés à satisfaire cette passion de dominer, dont les hommes opulens ont tant de peine à se défendre.

Une ville qui réunit tous ces avantages est moins à ceux qui l'habitent qu'à tous les citoyens du royaume, et puisqu'il est de principe que les dépenses doivent être supportées par les citoyens au prorata des avantages qu'ils en retirent, tout l'empire n'est-il pas intéressé à ce que le chef-lieu soit pourvu au plus haut degré de toutes les commodités sans lesquelles il ne pourroit exister, et deviendroit même un séjour dangereux ? Ce chef-lieu ne doit-il pas être regardé comme une institution nationale, dont l'entretien est une partie de la dette publique ?

§ II. *Forme intérieure de l'administration.*

Quel que soit au reste le plan que vous adoptiez à cet égard, pour être proposé au pouvoir législatif, et quel que soit le fonds appliqué à ces dépenses, l'ordre et l'économie qui doivent les diriger, tiendront de très-près à la forme d'administration qui sera déterminée.

Vous sentirez sans doute, Messieurs, combien il est nécessaire d'y mettre de l'unité.

Au milieu de cette multiplicité de bureaux et de départe-mens

mens divers de la municipalité de Paris, il est bien difficile qu'un même esprit dirige l'ensemble de l'administration , qu'une même surveillance en embrasse tous les détails pour en comparer les résultats, découvre tous les abus, prévienne toutes les fautes , et si l'on ajoute à cette première circonstance celle des mutations fréquentes d'administrateurs , on y trouvera des causes nécessaires et très-prochaines qui tendent à laisser tomber l'administration dans des mains subalternes, lesquelles, en les supposant toujours pures , au moins la soutiendront avec foiblesse et sans aucun sentiment personnel d'émulation et de gloire.

Ces formes intérieures de l'administration sont d'une influence décisive sur l'activité et la sûreté de ses opérations ; mais lors d'une première organisation , il existe peu de moyens de saisir promptement la forme la plus convenable. Le Directoire a constamment suivi , pendant le cours de cette année , celle qui lui avoit été tracée par le Conseil , et même il n'a apporté dans l'état de ses bureaux que les changemens qui ont été commandés par les circonstances ; mais instruit par le temps et l'expérience , il vous offrira le résultat des leçons qu'il en a reçues , et il soumettra à votre approbation un plan général d'organisation de ses bureaux, qu'il a cru propre à rendre la marche de l'administration plus sûre , plus prompte et plus uniforme.

Je viens, messieurs , de vous exposer la situation actuelle de l'administration générale du département, et je vous ai fait connoître les principaux résultats de la gestion du

I

Directoire. Il vous sera maintenant facile de prendre une connoissance plus approfondie des détails de cette gestion, en vérifiant vous - mêmes les élémens du compte que je viens de vous rendre. Les procès-verbaux des séances, la correspondance, les différens registres, les états de situation, les pièces de comptabilité sont autant de témoignages qui vous attesteront l'activité continuelle du Directoire, et l'ordre qu'il n'a cessé d'observer dans la distribution des différentes parties de son travail.

Vous y verrez de combien d'obstacles cette administration naissante s'est vue environnée. Vous y verrez comment, obligée de recueillir les débris que les anciennes autorités laissoient à leur place, dépourvue des secours que se prêtent des administrateurs qui se succèdent, et trouvant par-tout au contraire des efforts combinés pour augmenter la confusion et pour embarrasser sa marche, elle a souvent encore été détournée de ses occupations habituelles par une foule d'incidens imprévus et par l'impérieuse nécessité des circonstances.

Les événemens du 21 juin avoient par-tout jetté des germes d'inquiétude ; quelques hommes pervers ont voulu mettre à profit les allarmes du peuple. Un bateau de poudre destiné au service de la marine, a été pillé aux environs de Sèves ; le directoire est parvenu à en sauver quelques restes, qui ont été mis en dépôt chez les officiers municipaux des lieux ; les auteurs des premiers désordres ont encore soulevé les habitans quand on a tenté de ramener dans les magasins de Paris ce qui avoit échappé au pillage. Alors le zèle du Directoire a dû se borner à empêcher l'impunité du crime et à dénoncer les coupables aux tribunaux.

Ce n'est pas le seul attentat de ce genre qui ait été commis dans l'étendue du département. Deux mille fusils étoient expédiés pour les gardes nationales de la haute Vienne et d'un département voisin , avec d'autres munitions de guerre. A son passage au Bourg-la-Reine , ce convoi a été attaqué par les habitans de vingt-deux communes des environs , et les ordres réitérés du Directoire n'en ont pu empêcher la dilapidation. A force de soins et de zèle , et au moyen des poursuites criminelles que le procureur-général du département a été chargé de faire , on est parvenu à obtenir la restitution de la moitié de ces armes. L'amnistie survenue , et que les juges ont cru devoir appliquer à ce délit , a empêché jusques à ce moment la remise du surplus , mais le Directoire , en abandonnant la poursuite criminelle , n'en a pas moins cru de son devoir d'intenter une action civile et d'obtenir une réparation pécuniaire de cette atteinte portée à la propriété nationale. Les tribunaux sont maintenant saisis de l'instruction de cette affaire.

Des désordres nés d'une autre cause ont menacé plus d'une fois la tranquillité publique. Lorsque l'assemblée nationale constituante a pris l'engagement de satisfaire aux dépenses du culte catholique , elle a cru devoir décréter quelques loix réglémentaires concernant les formes d'élection des ministres de ce culte et leurs placemens dans les différentes divisions du territoire. Les ennemis de la constitution ont avidement saisi ce prétexte pour attacher le fanatisme à leur cause , et les clameurs de cette ligue ont jetté l'alarme dans une foule de consciences timides. Le peuple , armé pour la constitution et prêt à mourir pour la défendre , a pu souvent confondre dans sa colère les complices et les víctimes de la séduction , et cette funeste erreur n'a été que trop bien entretenue par les hommes artificieux qui en faisoient la base de leurs complots. Le Directoire auroit cru rabaisser l'administration s'il eût daigné prendre aucune part à ces vaines discussions religieuses, d'autant plus animées et d'autant plus interminables que les nuances des opinions diverses sont plus imperceptibles et se prêtent davantage à toutes les subtilités de la dispute; mais il a réuni tous ses efforts pour empêcher qu'il ne fût porté aucune atteinte à cette liberté de penser et de manifester ses pensées, le premier des droits naturels, garanti par la constitution, et l'un des biens les plus nécessaires au bonheur de l'homme, sur-tout dans les matières de religion, où tant d'imaginations sensibles placent leurs consolations et leurs espérances.

Par ses arrêtés des 12 et 19 octobre dernier, le Directoire, en banissant jusques au mot de *tolérance*, qui ne peut signifier autre chose que le sommeil de la persécution, a assuré à tous les citoyens la liberté la plus absolue dans la pratique de leurs différentes cérémonies religieuses sans préférence et sans distinction , et le fanatisme, qui ne s'alimente que des fureurs qu'il excite, a trouvé sa défaite dans la protection même qui lui étoit accordée.

La constitution elle-même a produit quelques erreurs; des citoyens, enivrés des premières jouissances de la liberté, ont méconnu les principes qui seuls peuvent la rendre durable. Des sections de communes se sont créé des représentans contre le vœu de la loi, et ont voulu exercer par elles-mêmes des pouvoirs que leur propre choix a confiés à des dépositaires légitimes. Il eût été dangereux de ne pas réprimer, dès leur naissance, toutes les entreprises sur les autorités constituées, mais il a suffi de rappeller les principes pour ramener dans la route de la constitution ceux qui s'en étoient écartés.

Le Directoire a non-seulement arrêté des troubles, mais il a cherché à prévenir ce qui pouvoit en causer. Une suite de récoltes moins abondantes qu'on n'avoit espéré, avoit donné lieu à quelques incertitudes sur les subsistances. Cette insuffisance, dont il seroit peut-être injuste d'accuser la nature dans un pays où le commerce des grains a toujours langui, sous un régime alternatif de prohibitions et de tolérance, plus funeste que le défaut absolu de liberté, et dont la culture doit nécessairement ressentir les effets; cette insuffisance passagère a nécessité quelques mesures de précaution propres à dissiper toute inquiétude. On n'a pu se dispenser de suivre la méthode mise en usage jusqu'ici de faire faire à la municipalité de Paris quelques achats de grains chez l'étranger, à la faveur d'une avance obtenue du trésor public. Le directoire ne peut mettre au rang des dépenses de l'administration les frais auxquels cet objet a donné lieu, et il ne peut les considérer que comme un de ces sacrifices extraordinaires arrachés par l'empire des circonstances. Sans doute il viendra un tems où il sera démontré pour tout le monde que le gouvernement ne doit pas plus s'occuper de l'approvisionnement des subsistances que de celui de toutes les autres denrées qui se consomment. On sentira que par-tout les efforts du commerce se mesurent sur les besoins; qu'il ne demande aux administrateurs que de protéger ses opérations, de lui applanir ses routes, et de dégager la circulation de toute espèce de gênes , et qu'alors il saura se jouer des caprices de la nature et des rigueurs des saisons , comme il a su jusqu'à présent opérer tant de prodiges , tant qu'il a été secondé par la liberté.

Je n'ai fait que vous indiquer , Messieurs , une partie des difficultés extraordinaires que le Directoire a eues à vaincre dans le cours de son administration. Si le dépôt qu'il remet entre les mains de ceux qui lui succèdent n'a pas été amené au point de perfection auquel il auroit desiré le conduire , vous voyez qu'il trouveroit plus d'une excuse dans les circonstances qui ont ralenti souvent ses efforts. Le nouveau Directoire aura moins d'obstacles à surmonter ; et quoiqu'il ait une immense carrière à parcourir , elle s'embellira de l'image du bonheur des administrés et des progrès de la prospérité publique , et cette vue sera la plus douce récompense de ses travaux , et le plus ferme soutien de son courage.

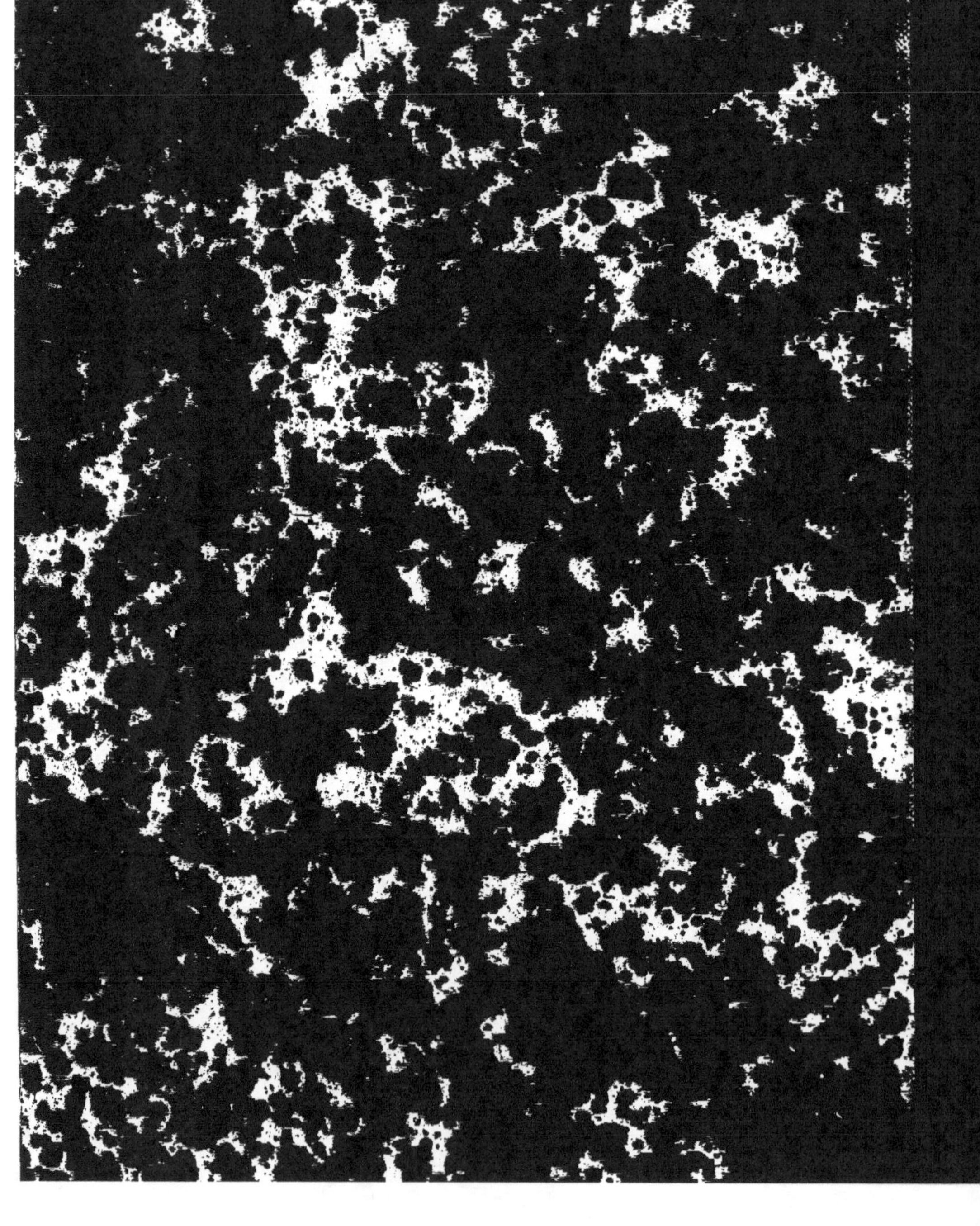